グローバル・マーケティング 零

大石 芳裕【編著】

東京　白桃書房　神田

はじめに

　本書は，同じ白桃書房から2015年7月に刊行した『マーケティング零』の続編である。続編ではあるが，編集方針は少し趣を異にしている。

　第1に，『マーケティング零』はグローバル・マーケティングを教える前段階の，マーケティングを知らない人のためのテキストである。従って，「超テキスト」的には書かれていないものの最低限のことは伝えなければならないので，「マーケティングとは何か」とか「ブランドとは何か」，「マーケティング・リサーチ」，「価格戦略」，「広告戦略」，「チャネル戦略」などの基礎的事項を基本に組み立てている。

　一方，本書はグローバル・マーケティングの「零」，すなわち「超基本」を述べた本である。「超基本だから，グローバル・マーケティングのイロハが書いてあるか」というと，そうではない。テキスト風のグローバル・マーケティングのイロハは，グローバル・マーケティングを少し勉強した者ならば誰でも説明できる。初学者に教える時にはそのような「イロハのテキスト」があった方が一見便利なようだが，実際のところ出来上がってしまうと「テキストを教える」ことになりがちでつまらなくなる。自分だけのテキストならば自分が書いたものだからいいだろうが，他人が使うと「あれもない，これもない」とフラストレーションが溜まることだろう。教える方は「テキストで教えたい」のだ。そこで本書は，我々が考えるグローバル・マーケティングの「超基本」を提示することにする。それに対してはおそらく賛否両論あるだろうが，まさにそれが狙いである。若い初学者の学生にも，この本を読んで「先生，これって違うんじゃないですか」と言ってもらいたいし，経験豊富な社会人には「そのような考え方もあるかも知れませんが，我が社の場合は違いますね」と言ってもらいたい。

　第2に，『マーケティング零』においては，序章「マーケティングを学ぶ前に」や補章①「文献の探し方」，補章②「論文・レポート執筆要綱」を配した。実は，これらはマーケティングに限らず，何かを学ぼうとするときの，何かの文献・資料を探すときの，あるいは何かを書こうとするときの，基本中の基本である。

『マーケティング零』がテキストとしての何らかの価値があるとするならば，各章の内容にあるというよりも，それを支えているこれらの基本にあるのかもしれない。それは本書のようなやや専門的になる本を読む場合にも必要だし，何かを調べるとき，論文やレポートを書くときにも不可欠である。

　本書では，それらは再掲しない。もし気になる読者がおられるのなら是非『マーケティング零』をお読みいただきたい。いや，読むだけでなく，それを吸収し，血とし肉とし，次なるステップに進んでいただきたい。たとえば，序章「マーケティングを学ぶ前に」に書かれた「一般性と特殊性」や「ソリューション・パス」は，「本質を掴む」ことの重要性を分かりやすく説明しているし，補章①「文献の探し方」は何かを調べようとするときの効率的な方法を提示している。「文献の探し方」は，そこに書かれていることがすべてではないにしても，それを知っているか知らないかで成果が大きく異なってくる。この点はグローバル・マーケティングを学ぶ場合にも不可欠である。

　一方，補章②「論文・レポート執筆要綱」は「執筆のルール」を詳細に記述している。スポーツはルールを守らなければゲームが成り立たないし，楽しくない。論文やレポートの執筆も同様である。とりわけ近年，研究不正に対して厳しい視線が向けられている。研究不正の中でも剽窃（盗作，コピペ）に関する問題は，「きちんと習っていなかった」ということに起因することが多い。人間，生まれつき博学なわけではなく，学習を通じて社会のルールを学んでいくのである。『マーケティング零』の補章②「論文・レポート執筆要綱」を学び，論文やレポートの書き方を学んでいただきたい。当然，グローバル・マーケティングについて論文やレポートを書く場合にも遵守してもらいたい。

　第3に，執筆陣は今回も『マーケティング零』の執筆陣とほぼ同じであるが，明治大学経営学研究科博士後期課程に在籍していた（経営学部助手を兼務）原木英一が2017年1月1日より一般財団法人・国際開発機構（FACID）に急遽就職したため，その準備等で今回は参加できなかった。国際開発機構

はじめに

で開発援助や経済開発の実務を学び，再び一緒に仕事できることを期待している。その代わりというわけではないが，第4章の執筆に明治大学経営学研究科博士前期課程在籍の孫蘊祺（2017年3月修了）に加わってもらった。彼女は博士前期課程を通してダイキンの中国でのマーケティング活動を研究してきたので，近畿大学産業理工学部講師の太田壯哉のモチベーション研究と絡めて，執筆に協力してくれることになった。

執筆陣は日本各地に散らばっており，同門とはいえなかなか一緒に会合することは難しい。それでも何度か集まり，考え方・書き方の摺り合わせを行った。『マーケティング零』は本の性格上「ですます調」で書いたが，本書は「である調」で書かれている。グローバル・マーケティングの「超基本」は何であるか，同門であるので大方は合意があったのだが，それを確認する必要もあった。そうこうしているうちに，執筆陣の所属異動が相次いだ。原木英一については前述したが，『マーケティング零』執筆・刊行時，諏訪東京理科大学経営情報学部准教授だった井上善美は淑徳大学経営学部准教授に異動したし，阪南大学経営情報学部に勤めていた川端庸子も埼玉大学経済学部准教授に異動した。ちなみに，本書が刊行される頃，2017年4月からは兵庫県立大学経営学部に勤めていた原田将が明治大学経営学部准教授に異動するし，ADKに勤めながら明治大学経営学研究科博士後期課程に在籍していた唐沢龍也は関東学院大学経営学部専任講師に異動する。そのような慌ただしい中での執筆作業であったが，それぞれ興味深い論稿を寄せている。

本書の出版に関しては，『マーケティング零』同様，白桃書房の大矢栄一郎社長に大変お世話になった。『マーケティング零』刊行後，「次はグローバル・マーケティング零でいきたいのですが…」と相談すると，大矢社長には二つ返事で快諾していただいた。心より感謝したい。

2017年1月吉日

大石芳裕

● 目次

はじめに ……ⅰ

序章　グローバル・マーケティングの最重要課題　　1

1　グローバル・マーケティングの進化と特徴 …………………………………… 1
2　グローバル・マーケティングを取り巻く政治経済環境 ……………………… 4
　(1)　グローバル体制の確立 ………………………………………………………… 4
　(2)　ICTの発達 ……………………………………………………………………… 5
　(3)　交通・運輸手段の発達 ………………………………………………………… 6
3　アッパー・マーケティングとロウワー・マーケティング …………………… 7
4　グローバル・マーケティングの最重要課題 ………………………………… 10
5　本書の構成 ……………………………………………………………………… 14

第1章　ネスレにおける製品開発とメタナショナル経営　　19

1　はじめに ………………………………………………………………………… 19
2　ネスレの概要 …………………………………………………………………… 21
　(1)　ネスレの諸事業とポリシー …………………………………………………… 21
　(2)　ネスレにおける3つのコーヒーマシン ……………………………………… 22
3　ネスレにおけるバリスタのグローバルな開発 ……………………………… 23
　(1)　親会社側の技術と日本子会社側のアイデア ………………………………… 24
　(2)　親子間の頻繁なコミュニケーション ………………………………………… 26
　(3)　他国市場への展開 ……………………………………………………………… 28
4　親子関係と現地子会社間関係に関する諸理論 ……………………………… 28
　(1)　親子関係に関する諸理論 ……………………………………………………… 29
　(2)　メタナショナル経営 …………………………………………………………… 31
5　おわりに ………………………………………………………………………… 32

第2章　IPLCとコカ・コーラのグローバル/リージョナル/ローカル・ブランド　35

- 1　はじめに　35
- 2　コカ・コーラ・カンパニー　37
  - (1)　コカ・コーラ　38
  - (2)　ファンタ　39
  - (3)　ジョージア　40
- 3　IPLC (International Product Lifecycle)　42
- 4　文化拘束的商品　46
- 5　まとめ　47

第3章　レクサスのグローバル・ブランド戦略の展開と課題　51

- 1　レクサスの生成と発展過程　51
- 2　レクサスのブランド戦略　54
- 3　日本市場におけるレクサスのブランド・マーケティングの展開　55
- 4　レクサス・ブランドの現地適合化戦略と中国市場での展開　58
- 5　結び　61

第4章　ダイキン中国のチャネルモチベーション　63

- 1　ダイキンの中国進出　63
  - (1)　真のグローバルエクセレントカンパニー　63
  - (2)　中国進出を支えたパートナー　65
- 2　ダイキン中国のチャネルモチベーションの源泉とは　67
  - (1)　モチベーションが高い状態とは　67
  - (2)　モチベーションを高める要因〜外的報酬〜　68
  - (3)　モチベーションを高める要因〜恩義〜　70
- 3　ダイキン中国のチャネルモチベーション　71
  - (1)　調査概要　71
  - (2)　分析方法　72
  - (3)　分析結果と考察　74
- 4　最後に　76

第5章　キリンホールディングスの東南アジア市場参入戦略　79

1　はじめに ……………………………………………………………… 79
2　キリンホールディングス株式会社の沿革と事業内容 ………………… 79
3　キリンの展開地域のシェア …………………………………………… 81
4　キリンの東南アジアにおける戦略 …………………………………… 83
　【フィリピン】………………………………………………………… 83
　【シンガポール】……………………………………………………… 87
　【ベトナム】…………………………………………………………… 88
　【ミャンマー】………………………………………………………… 88
　【タイ】………………………………………………………………… 89
　【インドネシア】……………………………………………………… 90
5　おわりに ……………………………………………………………… 91

第6章　韓国・CJオーショッピングの海外進出戦略　95

1　はじめに ……………………………………………………………… 95
2　韓国におけるホームショッピング業界の概要 ………………………… 96
　(1)　ホームショッピングの概念および特性 ………………………… 96
　(2)　韓国ホームショッピング業界の発展 …………………………… 97
　(3)　韓国ホームショッピング企業の海外市場進出 ………………… 99
3　CJオーショッピングのグローバル戦略 …………………………… 100
　(1)　CJオーショッピングの概要 …………………………………… 100
　(2)　CJオーショッピングのグローバル戦略 ……………………… 102
4　CJオーショッピングのフィリピン市場戦略 ……………………… 105
　(1)　フィリピン市場進出フォーマット ……………………………… 105
　(2)　マーケティング・プログラムの特徴 …………………………… 107
　(3)　マーケティング・プロセスの特徴 ……………………………… 108
5　まとめ ………………………………………………………………… 109

第7章 インドネシア二輪車市場におけるホンダの戦略 ……… 115

1 はじめに ……………………………………………………………… 115
2 ホンダ二輪事業のグローバル戦略：
 「コミューター」と「ファン」としての二輪車 ……………………… 118
3 ホンダのインドネシア市場戦略 …………………………………… 121
   (1) コア・アイデンティティの継続的訴求 ……………………… 124
   (2) 急速な市場変化と新たな価値提案 …………………………… 125
   (3) 販売ネットワークの構築とその活用 ………………………… 127
4 結論：新興国市場の異質性と動態性 ……………………………… 128

第8章 グローバル雑誌メディア『Harper's BAZZAR』の知識移転プロセス ……… 135

1 グローバルに出版される雑誌メディア …………………………… 135
   (1) 雑誌メディアの特性 …………………………………………… 135
   (2) 雑誌出版市場の変化 …………………………………………… 137
2 グローバルに出版事業を展開する企業と雑誌メディア ………… 139
   (1) Hearst Corporation（ハースト・コーポレーション） ……… 139
   (2) グローバルに出版される雑誌『Harper's BAZZAR』の概要 … 141
   (3) 『Harper's BAZAAR』のグローバル・ブランド管理 ……… 143
   (4) 『Harper's BAZAAR』のグローバル知識移転プロセス …… 146
3 ハーストのグローバル戦略と経営者の意志 ……………………… 148
4 考察 ………………………………………………………………… 149
   (1) 「経営者の意志」の存在 ……………………………………… 149
   (2) 知識の「連結化（形式知から形式知へ）」を実現するシステム … 150
   (3) 「セミ・グローバリゼーション（Semi-Globalization）」に対する
      企業戦略 ……………………………………………………… 151

第9章　インバウンドと越境ECの連携　　155

- 1　ICT社会と越境ECの台頭 …………………………………………… 155
- 2　訪日外国人とインバウンド消費の増加 …………………………… 158
  - (1) 訪日外国人の増加とその要因 ……………………………………… 158
  - (2) インバウンド消費とその要因 ……………………………………… 159
  - (3) インバウンドの消費行動 …………………………………………… 161
- 3　越境EC ………………………………………………………………… 164
  - (1) 越境ECの概要 ……………………………………………………… 164
  - (2) 日本の越境EC ……………………………………………………… 166
  - (3) 米国の越境EC ……………………………………………………… 168
- 4　中国の越境EC ………………………………………………………… 170
  - (1) 中国の越境EC市場 ………………………………………………… 170
  - (2) 中国の越境ECサイト ……………………………………………… 173
  - (3) 中国ECサイト内の日系企業 ……………………………………… 175
- 5　まとめ ………………………………………………………………… 177

序章
グローバル・マーケティングの最重要課題

1 グローバル・マーケティングの進化と特徴

　図表序-1は，グローバル・マーケティングの進化と特徴を一覧で分かるように描いたものである。筆者はこれまで何度もこの図を描いてきて，少しずつリニューアルしているものの，基本的な考え方は不変である。改めてグローバル・マーケティングの進化と特徴を簡潔に説明しておこう。

① 「製品の供給方法」は，国内市場を対象としてきた企業が次第に海外に展開していくさまを描いたものであるが，間接輸出以降はいわゆる「海外市場参入戦略」を示すものとなっている。

② 「製品の供給方法」の変化とともに「マーケティングの性格」も変化していく。両者は完全に一対関係にあるわけではないが，多くの場合，かなり並行している。「国内生産・国内販売」はもとより，「間接輸出」までは「国内マーケティング」段階と言える。

③ 企業が直接輸出業務を担う「直接輸出（輸出マーケティング）」の段階に至り，企業は海外市場に深く関わるようになり，これを「国際マーケティングの始まり」あるいは「狭義の国際マーケティング」と捉えるのが一般的である。

④ 「直接輸出」段階では，国内マーケティングで実践していたやり方を海外に「延長」することが多いので，それを「延長マーケティング」と呼んでいる。たとえば製品については，まず国内で成功したものを海外に延長することが多い。

⑤ 「直接輸出」段階や次の「現地生産・現地販売」段階に至ると，「延長マー

図表序-1　グローバル・マーケティングの進化と特徴

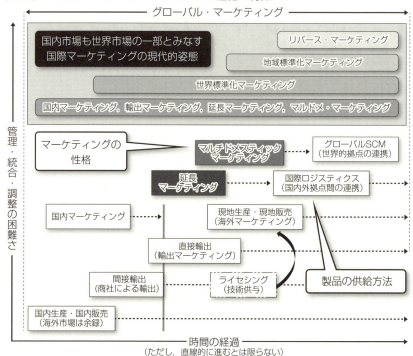

出所：大石（2016d），29ページ。

ケティング」の限界が露呈し，「現地適合化」いわゆる「現地化」が強調されるようになる。「現地化されたマーケティング」は国内（ドメスティック）マーケティングとほぼ同じことなので，それが多数の国で行われると「マルチドメスティック（マルドメ）・マーケティング」となる。

⑥　「マルチドメスティック・マーケティング」はマーケティングの王道のように見えるが，小さな規模の市場にまで現地適合化していたらコスト増につながることが多く，グローバルな視野で見た場合，必ずしも利益的ではない。

⑦　そこで「マルチドメスティック・マーケティング」をたとえば近隣諸国に「延長」し「地域標準化マーケティング」を模索することになる。たと

えば，タイ市場に現地適合化された製品をマレーシアやベトナム，インドネシアに展開するようなことである。

⑧　しかし，近隣諸国でも「延長マーケティング」の不適合が生じ，それぞれに現地適合化される。それを改めて糾合して「地域標準化マーケティング」を行うことになる。つまり，「地域標準化マーケティング」は「地域適合化マーケティング」でもあるのだ。

⑨　そのような動きが世界的規模で行われるようになると「世界標準化マーケティング」に到達することになるが，逆に「世界標準化マーケティング」を志向してうまくいかず，「地域標準化マーケティング」に落ち着く場合もある。発展のプロセスは一直線ではない。

⑩　製品やマーケティングの開発は，先進国だけで行われるわけではない。最近では，途上国におけるイノベーションが注目されており，それらは「フルーガル・イノベーション」や「ジュガード・イノベーション」と呼ばれている。[2]

⑪　途上国で開発された製品やマーケティング方法が先進国に逆流すると，「リバース・イノベーション」とか「リバース・マーケティング」と呼ばれるようになる。GEヘルスケアがインドで開発した簡易安価型心電計「MAC400」のような事例が見られる。

⑫　世界100か国とか200か国でマーケティングを行うようになると，もともとの国内市場も各国市場と同等の一市場にみなされるようになる。国内vs.海外あるいは国内vs.国際という区分ではなく，国内市場も世界市場の一部とみなされるのである。

⑬　つまり，グローバル・マーケティングは国内マーケティングも国際化初期における狭義の国際マーケティングも包含する概念であり，同時に国境を越える，すなわち国際（inter-national）という意味での広義の国際マーケティングの現代的姿態でもある。

⑭　グローバル・マーケティングはあくまで国境を越えるマーケティングであり，多くの国のマーケティングが「国境を越えて同時に意思決定される」ところに最大の特徴があり，難しさがある。

⑮　世界の国々には依然として国境が存在し，ボーダーレス（国境のない）

世界ではない。ボーダーフル（国境のある）世界である。確かに国境の垣根は低くなったとはいえ，国家は国家である。「世界市場」という具体的市場が現実に存在するわけではない。

⑯　そのような世界で展開されるグローバル・マーケティングは，決して世界標準化マーケティングと同義ではない。むしろ，ここにあげた様々なマーケティングを包含する，極めて多様性に富んだマーケティングであるといえる。

⑰　それだけに，現代のグローバル・マーケティングは「管理・統合・調整の困難さ」が増大している。「トランスナショナル経営」とか「メタナショナル経営」とか呼ばれる国際経営の在り方が注目されるのはそのためである。

2　グローバル・マーケティングを取り巻く政治経済環境

　第二次世界大戦後の世界における政治経済の変化が，グローバル・マーケティングにも大きな影響をもたらした。すべてに言及するわけにはいかないが，前節で触れたグローバル・マーケティングの進化と特徴に特に関係するいくつかのトピックについて言及しておこう。

(1) グローバル体制の確立

　IMF（国際通貨基金）・GATT（関税及び貿易に関する一般協定）体制のもと，世界は貿易の自由化や資本投資の自由化を推し進め，人の移動や情報の普及を含むグローバル化が著しく進展した。GATTはWTO（世界貿易機関）に発展し，EU（欧州連合），NAFTA（北米自由貿易協定），AFTA（ASEAN自由貿易協定）をはじめとする地域統合も進展した。1989年のベルリンの壁崩壊以降，多くの社会主義諸国が市場経済に移行し，冷戦の終結とともに「2つの世界市場」もほぼ消滅したことが，文字通りグローバル化を推進する契機となった。世界貿易も対外直接投資もGDP（国内総生産）を上回る規模で増大した。図表序-2は1980-2011年の世界貿易と対外直接投資の推移を示したものだが，この30年間で10倍強の急激な増大が読み取れる。この間，GDPは6倍強にしか増大していない。

図表序-2　世界貿易と対外直接投資（FDI）の推移（1980-2011年）

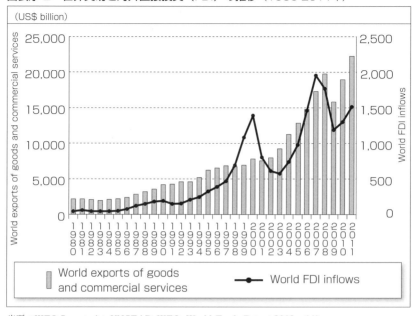

出所：WTO Secretariat, UNCTAD. WTO, *World Trade Report 2013*, p.141.

（2）ICTの発達

　グローバル化を推進したもうひとつの契機は，ICT（情報通信技術）の発達である。IBMが1964年に発表した「System/360」がメインフレーム・コンピュータの始まりならば，アップルが1984年に発売した初代「Macintosh」がパソコン（パーソナルコンピュータ）の始まりとなった。1993年にアイコンを利用した当時としては革新的なブラウザー「Mosaic」が，イリノイ大学のNCSA（米国立スーパーコンピュータ応用研究所）に所属するマーク・アンドリーセンらによって発明され，1995年にはマイクロソフトが「Windows95」という，やはりアイコン活用のOS（オペレーション・システム）をリリースした。同じ頃，WWW（World Wide Web）が開放されたり，ネットワークの商業利用が認められたりしたため，インターネットが急激に普及した。その後，通信速度の上昇やコンテンツの充実が加わり，インターネッ

トは爆発的に拡大した。さらに，1999年にはNTTドコモが「iモード」を開発しモバイル時代の先駆けとなったが，モバイル化を決定的に進めたのはアップルが2007年に発売した「iPhone」である。iPhoneとそれに続くスマートフォンによって，モバイル・コンピューティングの時代に突入した。世界の人々は，いつでもどこでも誰とでもつながり，情報がまたたく間にグローバルに拡散することになる。Twitter，Facebook，Instagram，LINEなど，SNSやチャットアプリの発達がさらにそれに輪をかけた。

（3）交通・運輸手段の発達

　グローバル化は人や物の移動を活発化する。人や物の移動には交通・運輸手段が不可欠である。自動車や飛行機，船舶，電車などの交通・運輸手段の発達が，グローバル化を押し進める3つ目の契機である。2015年における自動車の世界生産台数は9080万台[4]，2017年1月現在，世界で稼働している旅客機数は約9200機[5]，2014年の世界の商船数は10万9627隻[6]，2014年の世界の鉄道線路長は137万2744km[7]である。交通・運輸手段の数量が増えただけではない。飛行機や船舶は大型化し，一度に運べる人や物が増大した。高速道路や高速鉄道などのインフラが整い，移動時間の短縮が進んでいる。航空産業にはLCC（格安航空会社）が誕生し，移動の利便性をさらに高めている。それらを基盤にして，FedEx，UPS，DHL，日通，ヤマト運輸，佐川急便などのロジスティクス産業が発達した。このような交通・運輸手段の発達がなければ人や物のグローバル化は阻害されていただろうし，ロジスティクス産業の発達がなければ今日のeコマースの興隆もなかったであろう。

　以上，取り上げたグローバル体制の確立，ICTの発達，交通・運輸手段の発達などが人や物だけでなくカネや情報のグローバル化を推進したが，近年，グローバル化に反対する動きも見られる。かつてはグローバル化の象徴とみなされていたIMFや世界銀行の総会やサミット（先進国首脳会議）などへの抗議デモが頻発したが，とりわけ2016年は，世界各地でのテロ事件が多発したことに加え，イギリスの国民投票でEU離脱が過半数を得たり（2017年1月17日，英テリーザ・メイ首相が離脱を宣言），超保護主義を唱えるド

ナルド・トランプが米国の大統領選挙で勝利したりする (2017年1月20日就任) など，グローバル化に逆行する動きが顕著であった。

　今後もグローバル化に反対する動きは様々な形で表出するものと思われるが，しかしながら，そのような動きもグローバル化の大きな流れを止めることはできないと我々は考える。貿易の自由化は資本と労働の節約を通して富を増大させるし，資本の自由化は経営資源の有効利用を通して富を増大させる。観光という形での人の移動は，サービス輸出を増大させるだけでなく，人々の交流によって相互理解を深める。前世紀は先進国間のグローバル化や先進国から途上国へのグローバル化が主流であったが，今世紀に入り途上国間のグローバル化や途上国から先進国へのグローバル化が大きなうねりとなって現れている。そのようなグローバル化の中で，グローバル・マーケティングはますますその重要性を増していくことであろう。グローバル化が進展する中で，貧富の格差拡大や宗教間の対立，地球環境の破壊などが進展していることは事実であるが，それらの問題の発生因を直接グローバル化に求める議論にはくみしない。歴史を振り返れば，国内産業保護のための一時的な保護主義があったとはいえ，長期的な保護主義をとった国で発展した国は1つもないのである。我々はむしろ，1930年代のブロック経済が第二次世界大戦を引き起こした背景にあったことを反省し，グローバル化をいっそう進める必要があろう。

3 アッパー・マーケティングとロウワー・マーケティング

　前著『マーケティング零』で，「マーケティングとは，誰に，何を，どのように販売するかにかかわる活動」と定義し，それに沿って「H型経営」を提唱した。「H型経営」とは，研究開発から企画，調達，生産，物流，販売と流れるバリューチェーンの中で，マーケティングが単に生産されたものを販売する川下に位置するだけでなく，生産より以前の川上に位置する市場調査や市場細分化，対象市場設定，ポジショニングなどを強調するものである。生産を挟んで川上・川下にマーケティングがあるので，その姿を「H型」と称したのである。

すなわち，マーケティングの定義や「H型経営」は，「マーケティングは経営の基本」であり，「マーケティングは経営の諸機能の1つであると同時に，経営の羅針盤である」ということを強調したものである。もっと端的に言えば，マーケティングは経営そのものである。このようなことを言えば，人事や財務，組織，研究開発，生産管理などを研究している専門家からお叱りを受けるだろうが，企業であれ公共機関であれNPO（非営利組織）であれ，あるいは個人の交友関係においてさえ，「誰に，何を，どのように」を考えないことはありえない。日本コカ・コーラ社長から資生堂社長に転じた魚谷雅彦氏も「私は経営イコールマーケティングで，お客さまにどういうふうに価値を伝えるかがマーケティングだと考えています」と語っている。[10]

マーケティングにはアッパー・マーケティングとロウワー・マーケティングがある。「マーケティングは経営の基本」とか「経営イコールマーケティング」とかいうのはアッパー・マーケティングである。厳密な意味でのマーケティング戦略と呼んでもいい。「戦略（strategy）」とか「戦術（tactics）」というのはもともと軍事用語で，「戦略」は大局を左右する方策であり，重点地区の選定や資源の配分，他者との提携などが含まれる。一方，「戦術」は局地戦に関する方策であり，敵地の偵察や陣形の構築，攻撃と防御の方法などが含まれる。軍事用語としての本来の用い方に従えば，アッパー・マーケティングはマーケティング戦略であり，ロウアー・マーケティングはマーケティング戦術である。

「マーケティングとは，誰に，何を，どのように販売するかにかかわる活動」であるが，「グローバル・マーケティングとは，国際マーケティングの現代的姿態であり，企業がグローバルな（地球的）視野で国内市場も世界市場の一部とみなし，国境を越えて同時に意思決定しなければならないマーケティング」[11]である。ならば，グローバル・マーケティング戦略の要諦は，どのような国・地域を対象にするか（誰に），どんな製品やサービスを提供するか（何を），それをどのような方策で実現するか（どのように），を決定し，それを実現するためのヒト・モノ・カネ・情報という資源の配分を行うことである。必要とあらば，自前主義にこだわらず，オープン・イノベーションやSCM（サプライチェーン・マネジメント），M&A&A（合併・買収・提携）を実施して，

他社の経営資源を活用することもある。

これに対し，グローバル・マーケティング戦術は，「誰に，何を，どのように販売するかにかかわる」局地方策である。「マーケティング・プログラム」，「マーケティング・ミックス」あるいは「4P」と呼ばれるような，製品政策，価格政策，プロモーション政策，チャネル政策が主な内容である。現地消費者のニーズを探り，提供すべき製品やサービスを決め，価格設定や価格管理を行い，プロモーション（販売促進活動）を実施し，チャネルを構築・整備する。一国内の局地戦であるグローバル・マーケティング戦術はグローバル・マーケティングの重要な真部分集合ではあるが，基本は国内マーケティングと変わらない。それらの活動が多数の国で行われても，所詮国内マーケティングの集合体でしかない（マルチドメスティック・マーケティング）。それらが「国境を越えて同時に意思決定される」時に初めてグローバル・マーケティング戦略が必要とされる。それは親会社（母国）と1つの海外子会社（現地）の場合もあるし，親会社と多数の海外子会社の場合もあるし，海外子会社同士の場合もある。

現在の日本企業におけるグローバル・マーケティングの課題は，グローバル・マーケティング戦術にあるというよりもグローバル・マーケティング戦略にある。山下ほか（2012）が「（日本企業は）マーケティング・ミックスの各要素における対応は優秀でも，それらの大本となる戦略を立案する力に欠けるのではないか」[13]というのも，我々の考え方に共通する。神岡ほか（2013）はマーケティングを現場マーケティング・スペシャリスト，マーケティングマネジメントに分けた上で，上位のポジションにある人やトップマネジメントの役割である「マーケティングマネジメントは，本来期待されているところに存在しない，あるいは機能していないように思われる。我々は，日本企業のマーケティングが機能しないのは，そしてそれが組織的に実践されていないのは，このマーケティングマネジメントに課題があると考えている」[14]というのも，我々の考え方に共通する。日本企業はグローバル・マーケティング戦術に劣るわけではなく，グローバル・マーケティング戦略に課題があるのだ。アッパー・マーケティングの強化こそ，日本企業の国際競争力回復の決め手であると我々は考えている。

4 グローバル・マーケティングの最重要課題

　アッパー・マーケティングであるグローバル・マーケティング戦略の課題には，経営理念（経営者の意志）[15]やSTP[16]（市場細分化，対象市場設定，ポジショニング），複合化[17]（世界標準化と現地適合化のいいとこ取り），ブランド[18]，チャネル[19]などがある。とりわけここでは複合化，チャネル，ブランドの3つを取り上げたい。

　複合化は世界標準化と現地適合化のいいとこ取りである。これについても，過去に何度も述べてきたことであるが，改めて言及すると，図表序-3のような世界標準化のメリットと現地適合化のメリットのいいとこ取りをするのが複合化である。複合化は「世界標準化か，現地適合化か」という二者択一的な選択をするのではなく，世界標準化も現地適合化も同時追求しながら，競争優位を高めていく戦略である[20]。具体的方策としては，ハイブリッド方策（マーケティング要素の一部を世界標準化し一部を現地適合化する），共通要素方策（コアな部分を世界標準化し副次的部分を現地適合化する），複数ライン方策（いくつかのライン＝パターンから選ばせその一部を現地適合化することを認める），共通分母方策（各国市場のセグメントを横につなぐ），それにSCM（在庫を極小化しながらリードタイムを速め市場の変化に柔軟に対応する）などがある。複合化はグローバル・マーケティングを展開する企業の親会社と子会社間の関係を端的に表している。通常，親会社はコスト節約や世界的イメージの形成などを求めて世界標準化を希求するが，他方，海外現地法人は現地の市場ニーズに合わせた現地適合化を希求する。その相克をどのように止揚していくかがグローバル・マーケティング戦略の最重要課題の1つとなっている。

　ブランドはB to C（消費財）企業のみならずB to B（産業財）企業にとっても重要である[21]。なぜブランドが必要かといえば，ブランド構築に成功すれば顧客生涯価値が高まるからである。顧客生涯価値とは顧客が生涯にわたり支払う金額のことであるが，ブランドにロイヤルティを感じる顧客は短期的には高いWTP（支払い意思額）を持ち，そうでない製品やサービスよりもより高い価格で購入する。長期的にはロイヤルティを感じる顧客はブランド

図表序-3　世界標準化と現地適合化のメリット

世界標準化のメリット	現地適合化のメリット
コスト節約	顧客満足の向上
世界的イメージの形成	特定市場での売上増
組織の簡素化/統制の改善	変化への迅速な対応
優れたアイディアの活用	すべての市場で対応可能
迅速な投資回収	現地法人の自社開発品への誇り
規格統一化	現地法人の自主性尊重
需要創造	現地法人人材の確保・育成

出所：筆者作成。

スイッチをすることなく長期的な愛用者になってくれる。あるブランドに愛着を持つ顧客はリテンション（居残り）をし，その維持費は顧客を新しく獲得する場合の数分の1になるといわれている。さらにいえば，あるブランドに愛着を持つ顧客は自ら発信してそのブランドを他者に推奨してくれるであろう。SNSやチャットアプリを通じて発信された推奨は，企業が自ら広告等でプロモーションするよりも効果が大きく，いくつかの国では広告等のOwned Mediaよりも影響力は大である。

　国内マーケティングの4Pは製品から始まる。それは「誰に，何を」が最重要課題であり，まずは誰を対象にしてどんな製品やサービスを作るのかが最も重視されるからである。しかしながら，グローバル・マーケティング戦術の少なくとも初期の段階においては，本国で培った製品が海外にも提供されるので（延長マーケティング），製品が最重要課題ではなく，チャネルが4Pの中でももっとも重視される。それは①チャネルの先行性，②チャネルの販促性，③チャネルの模倣困難性があるからである[22]。それだけでなく，前掲図表序-1に示したように，「製品の供給方法」としてのチャネルがグローバル・マーケティング戦略として極めて重要になる。間接輸出，直接輸出，ライセシング，現地生産，第三国生産あるいは越境ECをどのように組み合わせて製品を市場に供給するのかは親会社の戦略的意思決定である[23]。チャネルは製品やサービスを消費者まで届けるパイプであり，このパイプを国境を

図表序-4　複合化・チャネル・ブランドの関係

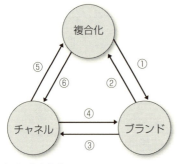

3者間の関係
①複合化によってブランド構築
②ブランド構築で複合化が容易に
③ブランド構築でチャネルづくりが容易に
④チャネル構築がブランドをつくる
⑤チャネル構築で複合化が容易に
⑥複合化視点からのチャネル構築

出所：筆者作成。

越えて世界中に展開し，さらに一国市場で網目のようにネットワークを張り巡らさなければならない。それらを有機的に統合し調整していくことはグローバル・マーケティングにとって極めて重要な課題である。

　複合化，ブランド，チャネルの関係は図表序-4のように表される。3者の関係を，簡潔に説明しておこう。

①**複合化→ブランド**

　複合化は競争力を高めるための方策であるので，複合化に成功し多様なニーズを持つ消費者を満足させることができればブランドを高めることができる。たとえば，「グローバルなブランドが欲しいが，サイズやカラーは自分の好みに合わせて欲しい」というような消費者にも複合化で対応することができる。

②**ブランド→複合化**

　ブランド構築ができていると，複合化も容易になる。たとえば，フラッグシップの製品は世界標準化しつつも，他の製品については現地適合化をしてブランド・ポートフォリオを豊富化できる。「コーク」のコカ・コーラ，「ランコム」のロレアル，「ラックス」のユニリーバなどがその典型である。

③**ブランド→チャネル**

他方,ブランド構築ができているかいないかでチャネル政策が大きく変わる。一般的に,ブランド力があるメーカーや製品は小売りとの交渉に有利である。途上国のMT(近代的小売)などは極めて高額のエントリー・フィーや棚料を請求するが,その額はメーカーや製品のブランド力によって決まる。

④チャネル→ブランド

チャネルの持つ特性の1つとして販促性がある。チャネルが構築され,小売りの店頭に製品が並ぶことは最大のプロモーションである。とりわけ途上国では,広告宣伝用のMTと実売と販促を兼ねるTT(伝統的小売)のバランスを取ることが非常に重要である。「チャネルがブランドをつくる」と考えることが正しい。

⑤チャネル→複合化

逆に,チャネル構築ができると複合化が容易になる。チャネルは製品やサービスを供給するパイプなので,一度パイプが構築されるとそこにいろいろな製品やサービスを流すことができる。たとえば途上国においてMTとTTのチャネル構築ができれば,MTには世界標準化製品を供給し,TTには現地適合化製品を供給することも可能になる。

⑥複合化→チャネル

チャネルは比較的現地適合化されやすいと従来の研究ではいわれてきたが,チャネル構築に際しても複合化視点は重要である。母国や第三国で培ったチャネル構築のノウハウを現地に移転しながら,現地の流通構造や商習慣に適合化したチャネル構築を志向する必要がある。

ただし,アッパー・マーケティングであるグローバル・マーケティング戦略を単独で分析することは難しい。いずれ別稿で詳しく論じる予定であるが,ここではグローバル・マーケティング戦略の具体的姿がロウアー・マーケティングであるグローバル・マーケティング戦術に表れると考え,両者の連環を想定しながら論を進める。

5 本書の構成

　本書は教科書的に章立てを決め，執筆者に担当章を割り振りすることはしていない。ある程度の問題意識を一致させた上で，自分の専門とするところで自由に書いてもらっている。原則としてガチガチの理論にならず，個別事例を踏まえながら，持論を展開するという方法をとってもらった。グローバル・マーケティングを学び始めようとする人々にとっては事例から入る方が理解しやすいと思われる。従って，それぞれの章を独立して読んでいただいても構わないが，編者はそれを上記の複合化，ブランド，チャネルの3点から整序している。簡潔に言えば，複合化を共通に流れる地下水とし，その上にブランドやチャネルを配置している。

　第1章は井上真里（日本大学商学部）によるもので，序章で取り上げた親会社と子会社の関係，あるいは子会社間の関係を，ネスレの製品開発を事例に解き明かしている。複合化というのは基本的に親会社と子会社の関係に起因するが，近年子会社が成長するにつれ，子会社間の関係も視野に入れる必要がある。

　第2章は古川裕康（淑徳大学経営学部）によるもので，グローバル・ブランド，リージョナル・ブランド，ローカル・ブランドの関係をIPLC（産業ライフサイクル）の視点から，コカ・コーラ社の「コカ・コーラ」，「ファンタ」，「ジョージア」を事例に論じている。

　第3章は植木美知瑠（桃山学院大学経営学部）によるもので，トヨタの高級車・レクサスのブランド戦略を複合化ならびにチャネル戦略を踏まえながら論じている。レクサスについては，その発祥の地である米国市場について語られることが多かったが，ここでは中国市場に焦点を当てて解明している。

　第4章は太田壮哉（近畿大学理工学部）と孫薀祺（明治大学経営学研究科博士前期課程，2017年3月修了）によるもので，ダイキンによる中国におけるチャネル・モチベーションを特約店へのアンケート調査によって明らかにしている。その結果，特約店のモチベーションを高めているのは非物的報酬やダイキンに対する恩義によるところが大きいことを明らかにしている。

　第5章は舟橋豊子（長崎県立大学経営学部）によるもので，キリンの東南

アジア市場参入戦略を国民的ブランド同士の連携に注目して論じている。すなわち，キリンはフィリピンのサンミゲルなどのアジアの有力企業と連携することにより，それらが所有しているチャネルを利用する方法を採用し，無理に自社ブランドを市場投入しようとはしていない。

第6章は井上善美（淑徳大学経営学部）によるもので，韓国のホームショッピング大手であるCJオーショッピングのグローバル・マーケティングを複合化の視点から論じている。とりわけフィリピンにおける事例を詳しく取り上げ，この分野では稀少な研究となっている。

第7章は原田将（兵庫県立大学経営学部，2017年4月より明治大学経営学部）によるもので，インドネシア二輪市場のおけるホンダのマーケティング方策を実地調査に基づいて分析し，ホンダの成功はブランド管理の巧みさと専売的ネットワークの構築によるものだと結論付けている。それを一般化すれば，新興国市場の異質性と動態性を的確に把握し，適切に対処することが重要だという。

第8章は唐沢龍也（明治大学経営学研究科博士後期課程，2017年4月より関東学院大学経営学部）によるもので，米国ハースト・コーポレーションによって世界54か国，21言語で出版されている雑誌メディア『Harper's BAZAAR』のブランド管理を，グローバル知識移転プロセスの観点から論じている。ブランド管理にせよチャネル管理にせよ，グローバル知識移転と現地における知識創発が不可欠である。

第9章は川端庸子（埼玉大学大学院人文社会科学研究科〈経済系〉）によるもので，インバウンド（訪日外国人）とインバウンド後のビジネスを越境ECで連携させることの重要性を説いている。インバウンド消費は日本における経済活性化の重要な要素になっているが，帰国後の購入継続をどう構築するかが課題であり，そこに越境ECというチャネルが大きな役割を果たすという。

以上，9つの章がいずれもブランドかチャネルか，あるいはその双方を複合化の視点から取り扱っていることが分かる。メーカー中心の事例とはなっているが，TVショッピングなどのサービスや雑誌メディアにおいても，複

合化・ブランド・チャネルの三位一体の展開がいかに重要かということを認識していただければ幸いである。

〈注〉
1) 大石（2009a），（2009b），（2013），（2015d）など。
2) 大石（2016a），52ページ。
3) 大石（2016a），50ページ。
4) 日本自動車工業会ウェブサイト。
5) flightradar24, Web Site.
6) 日本船主協会ウェブサイト。
7) CIA, Web Site.
8) 大石（2016e）も参照。
9) 大石（2015a），28-34ページ。
10) 魚谷・佐藤（2017），51ページ。
11) 大石（2017），序章。大石（2013）の第1章も参照。
12) 「戦術」や「政策」は一般的には「戦略」と呼ばれている。この章では「戦略」と「戦術」，アッパー・マーケティングとロウワー・マーケティングを区別するために使い分けているが，一般的には厳密に区別されていない。本書の以下の章でも一般的な用法に従っている。
13) 山下ほか（2012），2ページ。
14) 神岡ほか（2013），97ページ。神岡ほか（2006）も参照。
15) 大石（2015b）参照。
16) 大石（2015c）参照。
17) 大石（2015d），（2016b）参照。
18) 大石（2014），（2016c）参照。
19) 大石（2016a）参照。
20) 大石（2017），第6章も参照。
21) 大石（2016e）。
22) 大石（2016a），52-53ページ。
23) 大石（2016e）も参照。

● 参考文献

魚谷雅彦・佐藤オオキ（2017）「2017新春特別対談」『国際商業』2月号。
大石芳裕編著（2004）『グローバル・ブランド管理』白桃書房。
大石芳裕編著（2009a）『日本企業のグローバル・マーケティング』白桃書房。
大石芳裕編著（2009b）『日本企業の国際化：グローバル・マーケティングへの道』文眞堂。
大石芳裕（2013）「グローバル・マーケティングの特徴」，大石芳裕・山口夕妃子編著『グローバル・マーケティングの新展開』白桃書房，第1章。
大石芳裕（2014）「日本企業の課題と挑戦」，『世界経済評論』，2014年5・6月号。

大石芳裕（2015a）「マーケティングとは何か」，大石芳裕編著『マーケティング零』白桃書房，第1章。
大石芳裕（2015b）「経営理念の重要性：良品計画の事例を中心に」『日経広告研究所報』282号，8・9月号，「グローバル・マーケティング最前線」連載①。
大石芳裕（2015c）「グローバルSTPの在り方：ダイキンの事例を中心に」『日経広告研究所報』283号，10・11月号，「グローバル・マーケティング最前線」連載②。
大石芳裕（2015d）「複合化マーケティング：味の素の事例を中心に」『日経広告研究所報』284号，2015/12・2016/1月号，「グローバル・マーケティング最前線」連載③。
大石芳裕（2016a）「途上国におけるチャネルの競争優位性：フマキラーの事例を中心に」『日経広告研究所報』285号，2・3月号，「グローバル・マーケティング最前線」連載④。
大石芳裕（2016b）「広告の複合化戦略：江崎グリコの事例を中心に」『日経広告研究所報』287号，6・7月号，「グローバル・マーケティング最前線」連載⑤。
大石芳裕（2016c）「ブランディングの重要性：レクサスの事例を中心に」『日経広告研究所報』288号，8・9月号，「グローバル・マーケティング最前線」連載⑥。
大石芳裕（2016d）「B to B企業のグローバル戦略：日立製作所の事例を中心に」『日経広告研究所報』289号，10・11月号，「グローバル・マーケティング最前線」連載⑦。
大石芳裕（2016e）「国際観光の発展：インバウンドの衝撃」『日経広告研究所報』290号，2016/12・2017/1月号，「グローバル・マーケティング最前線」連載⑧。
大石芳裕（2017）『実践的グローバル・マーケティング』ミネルヴァ書房。
神岡太郎・ベリングポイント（2006）『CMOマーケティング最高責任者』ダイヤモンド社。
神岡太郎・博報堂エンゲージメントユニット（2013）『マーケティング立国ニッポンへ』日経BP社。
山下裕子・福冨言・福地宏之・上原渉・佐々木将人（2012）『日本企業のマーケティング力』有斐閣。
日本自動車工業会ウェブサイト，http://www.jama.or.jp/world/world/world_t2.html，2017年1月16日アクセス。
日本船主協会ウェブサイト，https://www.jsanet.or.jp/data/pdf/2016data10-1.pdf，2017年1月16日アクセス。
CIA, Web Site, "The World Factbook", https://www.cia.gov/library/publications/the-world-factbook/rankorder/2121rank.html, 2017年1月16日アクセス。
flightradar24, Web Site, https://www.flightradar24.com/37.17,134.97/6, 2017年1月16日アクセス。
WTO（2013）*World Trade Report 2013*.

第1章
ネスレにおける製品開発とメタナショナル経営

1 はじめに

　序章では，国内マーケティングとグローバル・マーケティングとの違いが理論的かつ具体的に検討された。企業が国境を越えて多国籍化し，マーケティングを行うということは，当該企業が国内のみで活動するのとは異なる外部環境（異なる政治体制，法律，文化，慣習，言語など）に直面するということであり，その対応を担う各国の現地子会社と世界全体の調整を担う親会社との意思決定バランスがグローバル・マーケティングでの重要な考察対象となる。この点で国内マーケティングとグローバル・マーケティングとは根本的に異なっている。それでは，グローバル・マーケティングはそれと類似する用語の国際マーケティングと比べて何が異なるのだろうか。

　どちらも，多国籍企業内部における親会社と現地子会社との関係，すなわち親子関係を考察対象の1つとしている点では共通している。また，なぜ親会社と現地子会社とが結び付かなければならないのか，親会社が現地子会社の配置をいかなる形態で行うのか（販売拠点のみの設立か，生産拠点の設立を行うのか，R&D拠点やデザイン拠点の設立まで発展するのか，金融拠点やサービス拠点も設立するのか），親会社が現地子会社をいかに統制するのか，といった論点は国際マーケティングにおいて伝統的なテーマであるが，グローバル・マーケティングは国際マーケティングにおいてほとんど考慮されない，次のような点で一線を画している。すなわち，親子関係の「結び付き方」を問うということである。

　このことをより具体的に理解するため，本論に入る前にまず1999年に日

本で市場導入されたコカコーラ社の清涼飲料水「Qoo」を取り上げよう。Qooはそれまでに販売されていた「HI-C」の後継製品として発売され，当初は日本子会社独自の製品ブランド（product brand）として展開されたが，2000年には韓国に，2001年には台湾と中国に，2002年にはシンガポール，ブルネイおよびタイに市場導入され，徐々に存在感を高めるようになる。さらに2003年にはドイツにも市場導入され，アジアという地理的な壁を越えた。2012年に同社の主要製品ブランドである「ミニッツメイド」の傘下に入り，サブブランドとして「ミニッツメイド Qoo」となるものの，グローバルな販売・プロモーション体制は以前にも増して強化されている。

　ここで重要なことは次の2つである。第1に，米国に親会社を置くコカコーラ社が，数多くある現地子会社の1つである日本コカコーラに製品開発の権限を大幅に委譲したということである。「親会社が生産したコーラの原液を各国の子会社が炭酸とともにボトリングする」というプロセスを考えれば分かりやすいが，コカコーラ社の親子関係は以前から中央集権的傾向が強いといわれており，現地子会社の裁量は流通やプロモーション（広告やパブリシティ，人的販売，セールス・プロモーション）といった川下段階に制約されると考えられてきた。しかし，Qooの場合はその製品開発や生産といった川上段階も日本コカコーラが主導的に意思決定しているのである。

　第2に，日本コカコーラが親会社による調整の下で他の現地子会社と結びついてQooブランドの影響力を高めたということである。この点は，先に述べた親子関係だけで説明することはできない。現地子会社間の関係が親子関係と相まってグローバルな競争優位性を高める1つの要因となり得るのである。日本におけるQooのポジショニングと他導入国・地域におけるそれは若干異なっている（日本では幅広い年齢層がターゲットであるが，他の国・地域では児童に絞っている）ものの，フレーバーやロゴ，シンボル（キャラクター）といった重要な要素は有効に活用されている。

　上記のような，多国籍企業における親子関係や現地子会社間関係の動向をさらに深く理解するため，本章では世界最大の食品多国籍企業であるネスレのグローバルな製品開発について，同社のコーヒーメーカー「ネスカフェゴールドブレンドバリスタ（Barista，以下ではバリスタと略記）」を事例として

取り上げる。

2 ネスレの概要

(1) ネスレの諸事業とポリシー

　1866年にスイスのヴェヴェーで創業したネスレは，2015年現在，85の国と地域に436の生産拠点（工場）を有し，189の国・地域で製品を販売している。世界連結売上高は888億スイスフラン（約11兆1266億円）であり，営業利益は134億スイスフラン（約1兆6790億円）である（2015年通年の平均相場である1スイスフラン＝125.3円で換算）。主な事業とそれぞれの世界連結売上高は，コーヒーをはじめとする飲料事業（192億スイスフラン，約2兆4058億円），栄養補助食品事業（149億スイスフラン，約1兆8670億円），乳製品・アイスクリーム事業（146億スイスフラン，1兆8294億円），調理済み・調理用食品事業（126億スイスフラン，約1兆5788億円），ペットケア製品事業（115億スイスフラン，約1兆4410億円），菓子事業（89億スイスフラン，1兆1152億円），水事業（71億スイスフラン，約8896億円）である。事業による売上高の偏りはそれほどなく，様々なリスクを避け得るバランスの良い事業構成であるが，その中でも飲料事業は特に重要な位置を占めている。

　また現在，ネスレは世界で1万以上の製品ブランドを展開しており，その中で売上高1000億円以上の製品ブランドはおよそ30といわれている。具体的には，「ネスカフェ」，「ミロ」，「マギー」，「ブイトーニ」，「ピュリナ」，「キットカット」，「ペリエ」，「コントレックス」などがそれにあたり，このような製品ブランドはいわゆる「グローバル・ブランド（global brand）」と呼ばれている。ネスレでは，親会社がグローバル・ブランドの管理について強力なイニシアチブを発揮する。

　ただし，ネスレ全体としては「進出した国・地域における消費者の五感に関わるものはすべて現地適合化する」といわれている。ゆえに現地子会社の意思決定もまた尊重され，現地消費者の嗜好やニーズが製品自体や販売方法，プロモーションへ積極的に取り入れられている。たとえば，同社におけるグローバル・ブランドの1つであるキットカットの場合，地域や季節によって

様々な味が登場するが，その製品開発におけるグローバルな拠点の1つは日本子会社（ネスレ日本）である。次に取り上げるように，コーヒーの製品開発においてもネスレ日本の貢献は非常に大きい。

(2) ネスレにおける3つのコーヒーマシン

　ネスレのコーヒー関連事業には，インスタントコーヒー事業，レギュラーコーヒー事業，そしてコーヒーマシン・カプセル事業がある。その中で，近年特に脚光を浴びているのがコーヒーマシンやコーヒーカプセル（カートリッジも含む）を中心とした市場拡大であり，具体的にはネスプレッソ（Nespresso），ネスカフェドルチェグスト（Dolce Gusto，以下ではドルチェグストと略記），そしてバリスタである（図表1-1参照）。

　まず，1986年に発売されたネスプレッソは，エスプレッソ用のコーヒーパウダーが入った専用カプセルをマシンにセットすると，電動のポンプにより高圧で抽出することができる。元々はホテルやレストランなどの業務用であったが，発売以降は継続的な改良が加えられ，近年では家庭用としても普及しつつある。コーヒー豆の調達に際しては契約農家を厳選してフェアトレードを推進するなど，川上段階の統制に注力している。また，マシンの価格が3万円から5万円であり，カプセルも1つで80円とやや高価であることから，川下段階では百貨店や専門店における直営のインショップ，あるいは電話やインターネットでの通信販売に絞る形で排他的チャネルを設けている。

　次に，ドルチェグストは親会社を中心とするグローバル・プロジェクトとして開発され，まず2005年秋にスイス，ドイツおよび英国で発売された。焙煎して砕いた豆を使ったレギュラーコーヒーが入っている専用カプセルをコーヒーマシンにセットすると，カフェで提供されるような本格的なコーヒーを容易に作ることができる。2007年には欧州7か国へ展開されるとともに，日本にも導入された。ドルチェグストのマシン価格は1万円から2万円とネスプレッソよりも安価に設定されており，またカプセルの価格も1つ50円ということでネスプレッソよりもランニングコストに優れている。また，相対的に安価であるためにはネスプレッソよりもマシンやカプセルの入手が容易でなければならないため，スーパーマーケットやホームセンター，家電量

図表1-1　ネスレにおける3つのコーヒーマシンとカプセル（カートリッジ）

注：左から、ネスプレッソ、ドルチェグスト、バリスタである。
出所：ネスレ日本ホームページ，http://d.nestle.jp/，2016年8月20日アクセス。

販店を主軸とした選択的チャネルを展開している。

　ネスプレッソもドルチェグストもカプセル型であり、またレギュラーコーヒーを対象としたものであるが、もう1つのコーヒーマシンであるバリスタはカートリッジ型であり、またインスタントコーヒー（ネスレではレギュラーソリュブルコーヒーと呼ぶが、本章では表記の簡略性を重視する）を対象とした世界初のマシンである。バリスタは2009年に日本で市場導入され、コーヒーマシンに入れた水を温めて高圧で噴出させることにより1杯ずつ泡立ったコーヒーができる。価格帯の異なるレギュラーコーヒー用のマシンがすでに2つあるにもかかわらず、なぜネスレは日本子会社を中心としてインスタントコーヒー用のバリスタを開発する必要があったのであろうか。また、その開発はいかなるプロセスで進んだのであろうか。

3 ネスレにおけるバリスタのグローバルな開発

　21世紀に入り、スターバックスやタリーズをはじめとする新進のコーヒーチェーンが世界で浸透したことによってコーヒー消費の選択肢が大幅に広がり、またカフェラテやカプチーノといった当時では新しいコーヒーの飲み方が社会的に受け入れられるに従って、特に20-30歳代のインスタントコーヒー離れが深刻になっていた。当時のインスタントコーヒー購買層の中心は50-60歳代であり、当分続くと予測されるこの傾向に対して瓶入りのインスタント

コーヒーは乗り遅れていると感じたネスレの親会社は，その対策を全社的に検討する必要に迫られた。

また，日本子会社では次のような特有の問題もあった。すなわち，ネスプレッソとドルチェグストは手頃な価格で本格的なエスプレッソとコーヒーが楽しめる高付加価値製品としてレギュラーコーヒー市場の拡大に寄与したが，日本ではインスタントコーヒーの世帯購入率が約60％と高く，レギュラーコーヒー市場がいまだ十分な規模とはいえないということである（伊藤・田中，2014）。ネスレ日本としてはレギュラーコーヒー市場を成長させながらも，インスタントコーヒー市場にも注力する必要があった。

インスタントコーヒー市場における世界的な傾向に対処しなければならない親会社側の思惑と日本市場における吃緊の課題に対処しなければならない日本子会社側の思惑が合致し，インスタントコーヒー用の新システムを開発することになるのだが，その際，親会社が日本子会社に対して一方的に意思決定したり，日本子会社が親会社とまったく関わりを持たずに意思決定したりしたわけではなく，両者の相互作用で開発が加速していった。

（1）親会社側の技術と日本子会社側のアイデア

当時，ネスレ日本は「エコ&システムパック」という紙の密閉容器でできたカートリッジ型のインスタントコーヒー補充技術を自前で開発していた。レギュラーコーヒーを粉砕してカプセルに入れるという発想は親会社側にあったが，インスタントコーヒーを瓶とは異なる容器に入れるという発想はなかった。本来，エコ&システムパックは図表1-2のように瓶入りのネスカフェゴールドブレンドがなくなったときに補充するカートリッジとして企画されていたが，瓶入りよりも新鮮さを保てる利点があることから，当時のネスレ日本におけるネスカフェのマーケティングディレクターはエコ&システムパックとコーヒーマシンを合わせれば面白い製品になるかもしれないと直感的に感じていたという。

ネスレ日本はこのおぼろげなアイデアを親会社に相談し，マシンについての技術的な示唆を仰いだ。そして，親会社は直営店（カフェ ネスカフェ）で用いられている業務用コーヒーマシンのネスカフェアレグリア（Alegria,

第1章　ネスレにおける製品開発とメタナショナル経営

図表1-2　エコ&システムパック

出所：筆者撮影。

図表1-3　業務用コーヒーマシンのネスカフェアレグリア

注：左はセルフサービス用，右はサーブ用である。2016年現在，内蔵できる飲料の数によって他にもセルフ用は2種類，サーブ用は1種類がある。
出所：ネスレ英国ホームページ，https://www.nescafe-alegria.co.uk/range/，2016年8月15日アクセス。

以下ではアレグリアと略記）を小型化するのはどうかと提案した。少しずつ進み始めたアイデアの具現化にネスプレッソやドルチェグストといった小型マシンの知見が加味され，新製品の企画はグローバルに公開されることとなった。そもそも，アレグリアは図表1-3のように筐体としてかなり大きく，大規模なカフェやレストラン以外での需要を開拓することが難しいこともあり，裾野を広げるためにも親会社は小型化を主導してくれる現地子会社を求めていた。

　欧米をはじめとするほとんどの現地子会社はアレグリア小型化の提案に及

び腰であった。なぜなら，当該市場の主軸はインスタントコーヒーよりもむしろレギュラーコーヒーであるためである。現地子会社のほとんどが消極的であったにもかかわらず，ネスレ日本だけが前向きな姿勢を示した。前述のように，ネスレにおける日本のコーヒー市場の主軸は欧米と異なりインスタントコーヒーであり，業務用とともに家庭用でも普及の可能性がある小型のコーヒーマシンはネスレ日本にとって魅力的であった。

(2) 親子間の頻繁なコミュニケーション

　バリスタにおけるコーヒーマシン自体の開発に際して，業務用のマシンを基とする技術は親会社側が有していたため，製品仕様の修正などに関わる日本子会社側のアイデアとの擦り合わせで親子間での頻繁なコミュニケーションが行われた。1日に200回近くも行われる電子メールでのコミュニケーションにおいて特に修正を必要とした課題は「抽出温度」と「抽出時間」の2点であった。

　抽出温度について，日本人は熱い日本茶を飲む文化があるため，欧米人と比べて熱いコーヒーを好む傾向にあるという。バリスタのマシンを開発する過程で親会社が設定した温度はネスレ日本側からすると低すぎた。牛乳を入れてカプチーノやカフェラテを作ろうとするとさらに温度が低くなるため，この点は親会社と頻繁に調整する必要があった。また，抽出時間も日本人にとっては重要な要素である。当初，親会社が提示した試作品は抽出時間がかなり長かったということで，ネスレ日本側が「日本人はせっかちである」ことを伝え，この点についても調整することになった。

　さらに，マシンで手軽にコーヒーを作れるとしても，従来のインスタントコーヒーと味や特徴が変わらなければ魅力に欠ける。バリスタを従来のインスタントコーヒーと明確に差別化するためには，レギュラーコーヒー用のネスプレッソやドルチェグストでは発生するような「クレマ」が1つの重要な要素である。クレマとは高圧でコーヒーを抽出した際，表面に発生する泡であるが，クレマはコーヒー自体の香りを維持する効果や口当たりを滑らかにする効果があることから，親会社はそのための機能として抽出時にコーヒーを高速で撹拌する羽根をマシン内に取り付けた。

また，日本の家庭でバリスタを普及させるためには，さらなる小型化が求められた。親会社による試作品はアレグリアより小型であるものの，日本の家庭で設置するには依然として大きかった。ネスレ日本はこの点を何度も親会社側に伝えていたもののなかなか改善しないため，スイスの開発エンジニアを日本に呼んで典型的な家屋のサイズを肌に感じさせた。それにより，当該エンジニアは日本子会社側の主張していることがようやく理解できたという。

　マシン内の分解洗浄が可能であることも清潔好きが多い日本市場では重要な要素であった。欧米の消費者ならばそれほど気にしないマシン内部の洗浄についてもネスレ日本はこだわった。親会社からは「分解可能にしたら壊れやすくなる」と懸念されたが，ネスレ日本側は「分解しても壊れにくいシンプルな構造にして欲しい」と返答した。このような親子間における双方向のコミュニケーションは，欧州から観察するのでは容易に理解できない日本独特な家庭向けニーズを満たすために極めて重要であった。

　コーヒーマシン自体の仕様が決定した後，ネスレ日本は当初，コーヒーマシンでの利益も見込み，1万2800円で市場導入した。もう少し高くすることも検討したが，マシン価格を抑えられることはネスレの競争優位性であり，競合他社の参入を阻止するためにもあえて行わなかった。むしろ驚くことに，市場導入後，より戦略的に普及させるためイオングループの協力下で9980円，7980円，4980円の3価格帯によるテストマーケティングを展開した（伊藤・田中，2014）。4980円は品質に不安があるとの消費者の意見があり，また9980円ではドルチェグストのマシンと価格がほぼ変わらない。結局，7980円の場合がもっともよく売れたため，メーカー希望小売価格を9000円，実売価格を7980円に設定し直し，カートリッジの価格も1杯当たり13円になるようにした。

　バリスタの場合，インスタントコーヒーの性質上，カートリッジの購入はスーパーマーケットなどの流通チャネルで可能であるが，マシンの入手は価格の制約によりインターネットあるいは電話での直接販売に限られている。その上，ネスカフェアンバサダー[1]になればマシンが無料で貸与されることから，日本におけるバリスタのビジネスモデルはマシンの購入よりもむしろカートリッジの継続購買が要にあるといえる。

(3) 他国市場への展開

　日本市場におけるバリスタの動向はすぐに他の現地子会社にも伝わったが，日本以外の市場では家庭用というよりもむしろオフィス用で活用しようという動きが主であった。以前からレストランやカフェなどにおいて，従来の業務用コーヒーマシンはアレグリアの製品ブランドで多くの国や地域に展開されていたこともあり，2012年以降は日本以外における業務用コーヒーマシン全般の製品ブランドはカフェ・レストラン用もオフィス用もアレグリアに統一され，ベルギーやデンマーク，ノルウェー，スウェーデン，フィンランド，英国，フランス，オランダ，アイルランド，ハンガリーといった欧州各国で市場導入された。その後はオーストラリア，ニュージーランド，シンガポール，南アフリカ，米国といった他の国にも導入されている。カフェやレストラン向けには従来の業務用マシンの技術が用いられているが，オフィス向けにはバリスタの技術が活用されている。

　バリスタの製品開発を考察することによって，ネスレの親会社と日本子会社がそれぞれ有する技術やアイデアなどの経営資源が，双方向のコミュニケーションによって有機的に結び付き，インスタントコーヒー市場における競争優位をもたらしたことを理解することができる。また，日本子会社主導で家庭用を念頭に開発されたバリスタが，他国・地域子会社ではオフィス用のアレグリアとしてリポジショニングおよびリブランディングされ，各国・地域市場での課題を解決することに寄与していることもまた理解することができる。これらのことは，現代の多国籍企業において現地子会社間関係が親子関係とともに重要であることを如実に示している[2]。

4 親子関係と現地子会社間関係に関する諸理論

　多国籍企業が各国・地域で行っているマーケティング諸活動は，以前から当該企業における競争優位の源泉であるといえるが，それぞれの活動を別々に捉えていては現代における多国籍企業の内実を十分に把握することが難しい。より重要なのは，多国籍企業がいかなるポリシーや企業戦略の下で親子間および現地子会社間の統制・調整を行い，それがいかに各国・地域でのマー

ケティング活動とつながっているかを理解することである。

　そこで，次は多国籍企業の親子関係に関してこれまで蓄積されてきた理論の系譜を示し，その上で現地子会社間関係を包含した理論としての「メタナショナル経営（Metanational Management）」について説明する。

（1）親子関係に関する諸理論

　多国籍企業における親子関係の理解を深めるための理論としてよく知られているのは，パールミュッター（Perlmutter, 1969）のEPRGフレームワークである。パールミュッター以前において，多国籍企業の規定方法は定量的なものが支持されていた。たとえば，バーノン（Vernon, R.）をはじめとする，いわゆるハーバードグループのように売上高や利益で一定の基準（Fortune 500に掲載されること）を満たすといった方法が当時の主流であった。それに対してパールミュッターは，経営者の国際志向性に関する視野（perspective）を基準に組み入れて，多国籍企業を エスノセントリック（Ethnocentric, 本国志向），ポリセントリック（Polycentric, 現地志向），リージョセントリック（Regiocentric, 地域志向），ジオセントリック（Geocentric, 世界志向）というように，多国籍化の方向性によって4段階に区分した。それぞれの頭文字をとってEPRGフレームワークと呼ばれる，このような分析視角は，多国籍企業における国境を越えた戦略の類型化を行ったバートレットとゴシャール（Bartlett and Ghoshal, 1989）に大きな影響を及ぼしたと考えられている。

　そのバートレットとゴシャールは，多国籍企業内での親会社と現地子会社との意思決定について以下のような4つの分類を行った。

①マルチナショナル戦略

　マルチナショナル戦略では，意思決定が親会社と現地子会社とで自立分散している状態であり，多国籍化の初期にしばしば採用される。多国籍企業の現地子会社は，進出先での環境が本国と著しく異なる場合，現地で頻繁に起こる問題を迅速に解決するため，親会社からの意思決定を受容するよりもむしろ現地子会社自身の意思決定を優先させる。しかし，この状態は世界中に

経営資源を張り巡らせている多国籍企業としての優位性を十分に生かしているとはいい難い。

②グローバル戦略

多国籍化がある程度進むと，多国籍企業としての優位性を生かすために親会社が現地子会社に対して大きな影響力を行使しようとする。これにより，多国籍企業全体としての意思決定構造はよりシンプルになり，迅速な意思決定を行いやすくなると考えられているが，一方で現地子会社の権限や自主性を軽視するという問題も起こり得る。しばしばNIH（Not Invented Here）症候群と呼ばれるが，現地子会社に優れた技術やノウハウが蓄積されているとしても親会社がその意義を認めないような態度を取る場合，多国籍企業としての優位性を十分に生かしきれないという問題が発生する。

③インターナショナル戦略

グローバル戦略を採用する企業であっても，他の多国籍企業との競争激化によってその戦略は新たな局面を迎える。一部の多国籍企業は，現地子会社に分散させている競争優位の源泉を親会社の経営資源と連結させなければ，多国籍企業同士での国際寡占間競争に生き残ることが難しい場合がある。そこで，当該企業は全体に関わる重要な意思決定を親会社に集中させ，各国での意思決定についてはそれぞれの現地子会社に委ねるという形の国際分業を行うようになる。

④トランスナショナル戦略

現代における国際寡占間競争は，多国籍企業にインターナショナル戦略以上のものを要求するようになっている。ある国で生まれた技術は他国でも競争優位性を発揮するかもしれない。ある国で発見された販売ノウハウは多国籍企業全体で共有するとより販売効率を高めるかもしれない。そのような問題意識を持つ企業は親会社と現地子会社間に潜む主従関係を意図的に解消して相互依存的に行動する可能性がある。バートレットらは，このようなポリシーに基づく戦略をトランスナショナル戦略と呼び，多国籍企業にとって理

想的な状態であるとした。

(2) メタナショナル経営

　トランスナショナル戦略論は，多国籍企業におけるグローバル・マーケティングの立案や実践に一定の影響を与えてきたが，一方で1990年代以降に見られるようになった次のような現象を説明するには十分でなかった。

　まず，トランスナショナル戦略論では技術やノウハウ，アイデアといった知識フローの複雑化を十分に考察できないという点である。同論では，親子間のパワーバランスに主眼が置かれており，各現地子会社で生まれる知識の相互移転についてはほとんど検討されていなかった。

　また，トランスナショナル戦略論では自社における既存の組織構造を基盤とした議論に限定され，戦略提携による他社経営資源の獲得という視点が欠落するという点である。1990年代以降は，経営資源をすべて自前で保有するよりもむしろ必要な一部の経営資源を環境の変化に応じて外部から調達するという考え方が支持されている。直接の競合関係にある企業であっても「お互いに利用価値がある限り」提携を結ぶ可能性がある。

　それらの現象を受けて，ドッズら（Doz, Santos and Williamson, 2001）は，多国籍企業が親会社を基盤とした競争優位性のみに依存するのではなく，それを超えて現地子会社や提携先企業を含めたグローバルな優位性を含めて把握しようとする「メタナショナル経営」を提唱した。その捉え方を端的に表現すると，「自前主義，自国中心主義，先進国至上主義」から脱却した経営である。現代において，新たなイノベーションの機会あるいは重要な経営資源やケイパビリティ（capability, 個人能力や組織能力）がいかなる国や地域（先進国／開発途上国），あるいはいかなる企業（自社／提携先企業や競合他社）に存在しても不自然ではない。

　たとえば，スイスに親会社を置き，主に半導体を生産しているSTマイクロエレクトロニクス（STMicroelectronics）は，ハードディスクドライブの作動をサポートするシステム・オン・チップ（SoC）デバイスの開発において，次のような様々な国からの技術を集約したことが知られている（Santos, Doz and Williamson, 2004）。すなわち，アナログ技術であるパワー

チップ技術はイタリア・ミラノの子会社から，デジタルチップ技術は競合企業のシーメンスから，プロセス技術はフランス・クロルとグルノーブルの子会社から，応用デジタル設計技術は英国・ブリストルの子会社から，他のデジタル技術はアイルランドのデジタル・イクイップメント社（Digital Equipment Corporation）から，当該技術のR&Dについてはシンガポールの子会社から，製品デザインは米国・フェニックスの子会社から，主要顧客に関する情報は米国・カリフォルニアのシーゲート・テクノロジー社（Seagate Technology）からである。

5 おわりに

　本章では，ネスレにおけるバリスタの製品開発事例から，メタナショナル経営の要点である親子関係と現地子会社間関係の相互作用について考察した。グローバル・マーケティングでは親会社が革新の起点になるとは限らない。親会社が現地子会社の自主性やケイパビリティを認め，いかに裁量を与えるかが競争優位の鍵であるということができよう。

　また，開発途上国企業の台頭にともなうグローバル・プレイヤーの増加によって，これまで以上に厳しい競争環境に置かれている多国籍企業は，自社の競争力を維持・増大させるために先進国のみならず開発途上国の現地子会社へ大幅に意思決定権限を委譲したり，親子間あるいは現地子会社間で知識の相互移転を推進したりすることが課題となっている[3]。現地適合化や地域適合化で新しいマーケティング戦略が生み出されると，それが他の国・地域に横展開されることも生じ得る。先進国から開発途上国へ展開されることはこれまでも見られたことであるが，近年は開発途上国で生み出された方策が先進国に展開される事例も見られるようになった。このように，グローバル・マーケティングは国際マーケティングと比べてより多面的である。

〈注〉

1) ネスカフェアンバサダーは2012年11月から日本で展開されており，オフィスや家庭のみならず，病院，学校，公民館などでネスレのコーヒー（現在はドルチェグストとバリスタが対象）を広めてくれるロイヤリティの高い顧客を指す。ネスレ日本は，オフィスで勤務している人を対象に公募で会員登録してもらい，コーヒーマシンを無料で提供した。コーヒーマシンを無料で提供することで初期のハードルを下げただけではなく，アンバサダーを顧客の生の声を聞く重要な存在に位置付けた。

2) バリスタと類似するプロセスで開発・展開された別の製品もある。「スペシャル T.」という紅茶や緑茶を抽出するマシンとカプセルのシステムは，まず2010年に欧州で市場導入され，2013年には日本でも導入された。ネスプレッソやドルチェグストと同様，1杯分ずつパウダーを包装したカプセルをマシンに入れる仕組みである。

3) ネスレは，開発途上国の経営資源やケイパビリティの活用においても顕著な成果を残している。当該企業は，開発途上国のBOP（Base of the Pyramid）市場に注力しており，BOP向けのマーケティング戦略として打ち出しているのがPPP（Popularly Positioned Products，以下PPPと略記）戦略である。PPP戦略はフィリピン子会社で開発されたものであるが，それは当該市場の主要なニーズである低価格を満たす。たとえば，ネスレはネスカフェゴールドブレンドを瓶ではなく小分け包装にすることでBOP市場において売上高を拡大し，参入国の消費習慣や商慣行に合った販売・営業を行っている。

● 参考文献

Bartlett, C.A., and S. Ghoshal（1989）*Managing Across Borders: The Transnational Solution*, Harvard Business School Press.

Doz, Y., J. Santos, and P. Williamson（2001）*From Global to Metanational*, Harvard Business School Press.

Perlmutter, H. V.（1969）"The Tortuous Evolution of the Multinational Corporation," *Columbia Journal of World Business*, Vol.4（Jan.-Feb.）, pp.9-18.

Santos, J., Y. Doz, and P. Williamson（2004）"Is Your Innovation Process Global?," *MIT Sloan Management Review*, Summer, pp.31-37.

伊藤嘉浩・田中洋（2014）「ビジネスモデルのローカライゼーション ―ネスカフェバリスタの事例―」国際ビジネス研究学会『国際ビジネス研究』第6巻第2号，31-47ページ。

ネスレ日本ホームページ，http://d.nestle.jp/，2016年8月30日アクセス。

ネスレ英国ホームページ，https://www.nescafe-alegria.co.uk/range/，2016年8月15日アクセス。

第2章
IPLCとコカ・コーラのグローバル/リージョナル/ローカル・ブランド

1 はじめに

　今や多くの企業は1つの企業ブランドの下に複数の商品ブランドを抱えながら活動を展開している。企業が海外展開を実施・拡大する際，グローバル・ブランド，リージョナル・ブランド，ローカル・ブランドといった3つの区分から商品ブランドの役割を検討する必要がある。まずグローバル・ブランドとは，世界の様々な国や地域で展開されるブランドである。リージョナル・ブランドとは特定の地域で展開されるブランドである。そしてローカル・ブランドとはある1国に特化して展開されるブランドのことを指す。ローカル・ブランドからグローバル・ブランドになるにつれて標準化傾向は強くなる。

図表2-1　グローバル，リージョナル，ローカル・ブランドの展開例

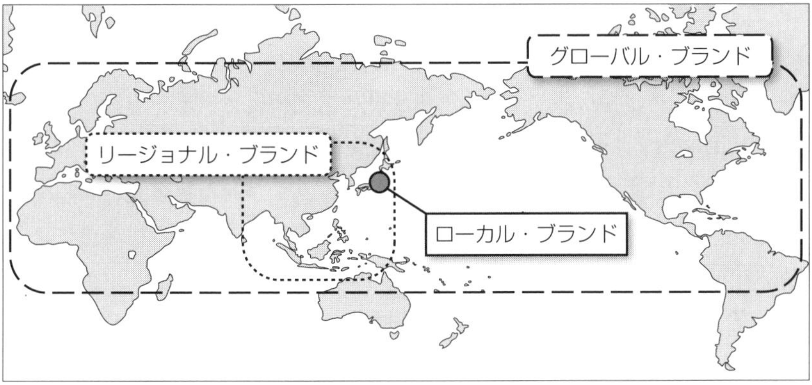

出所：筆者作成。

図表2-2 ローカル，リージョナル，グローバル・ブランドと標準化度合い

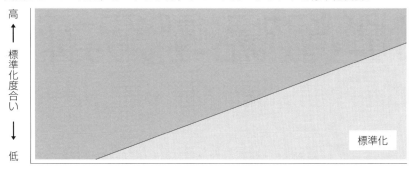

注：ローカル・ブランドであっても，国内地域間で消費者の特徴が異なる場合が多く存在する。
　　そのためローカル・ブランドの場合であっても標準化‐適合化を検討する範疇となる。
出所：著者作成。

　グローバル・ブランドは，様々な国や地域で展開されるため，展開国間における様々な共通性が標準化されて展開される。そこには消費者の特徴や法制度の仕組みなどといったように多様な要素が含まれている。企業は可能な限り標準化して世界で展開することにより規模の経済を獲得することが可能となるのである。規模の経済とは，スケールメリットとも呼ばれ，ものづくりの規模を拡大することによって開発効率や生産効率，流通効率などを高め，コストを減少させることを示す。

　ただし誤解しないで欲しいのは，グローバル・ブランドは単なる「標準化ブランド」ではないということである。図表2-2で示したように，ローカル・ブランドからグローバル・ブランドへ変化するにつれて標準化度合いは高まるが，グローバル・ブランドであっても適合化の要素は数多く残されている。グローバル・ブランドは標準化と適合化をミックスさせた複合化によって展開されるブランドなのである。なおリージョナル・ブランドも複合化によって展開されるブランドという点は共通しているが，グローバル・ブランドよりも適合化の割合が大きいという点で異なる。リージョナル・ブランドでは展開国間の共通性という点も重要でありながら，それと同様に地域における特殊性という点もより深く考慮する必要がある。

本章ではグローバル・ブランド，リージョナル・ブランド，ローカル・ブランドについて考える上でコカ・コーラ・カンパニーを取り上げる。同社は膨大な商品ブランドを抱えており，それぞれのブランドを世界の様々な国で展開している。そこにはグローバル・ブランドやリージョナル・ブランド，そしてローカル・ブランドも含まれている。更には歴史的にローカル・ブランドがリージョナル・ブランド，そしてグローバル・ブランドに発展した事例も豊富である。

2 コカ・コーラ・カンパニー

　コカ・コーラ・カンパニーは1885年に創業した世界屈指の飲料製造企業である。社名に代表されるブランド「コカ・コーラ」のような炭酸飲料以外にも，飲料水やお茶，ジュースなど500を超えるブランドを有している。しかもその中の20ブランドは1年間で10億米ドル以上を売り上げるメガヒット・ブランドである。同社の展開する各種ブランドは現在200以上の国で販売されている。近年までコカ・コーラが販売されていなかった国はミャンマー，キューバ，北朝鮮の3国であった。しかしミャンマーでは2013年に現地生産・販売を開始している。キューバでは2016年時点でも現地生産が実施されていないものの，現在はメキシコからの輸入品が国内に多く流通している状態である。実質的に，現在コカ・コーラを入手できない国は北朝鮮1国といっても過言ではない。コカ・コーラ・カンパニーは，それほど幅広く世界に展開している企業なのである。

　同社の売上高は約443億米ドル（2015年値）であり，純利益は約74億米ドル（2015年値）である[1]。またInterbrandのBest Global Brandランキングでは長年上位（2015年版では3位）に位置している。売上高やブランドの資産的価値等についての詳細は図表2-3を参照されたい。

　本章ではコカ・コーラ・カンパニーの数あるブランドの中から，代表的なコカ・コーラ，ファンタ，ジョージアの3ブランドを取り上げてブランドの国際化について考えることにする。

図表2-3　コカ・コーラ・カンパニーの実績

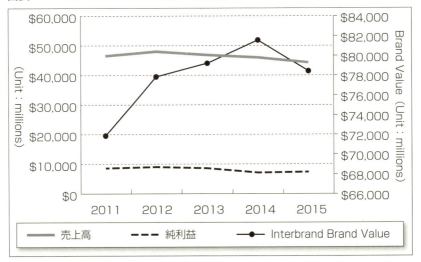

出所：The Coca Cola Company(2015), id.(2014), id.(2013), Interbrand, Best Global Brandより。

（1）コカ・コーラ

　コカ・コーラは開発された当初から，様々なマーケティング活動とともに商品が展開されてきた。1886年に米国のジョージア州アトランタで，ある薬剤師の開発した飲み物がコカ・コーラである。コカ・コーラは展開当初から，新しい商品を多くの人に知ってもらうために無料試飲クーポンを配布することで消費者の認知を着実に獲得していた。その後も，米国の広い範囲でコカ・コーラを販売するために，商品の流通網を拡大しチャネルを戦略的に整備することでコカ・コーラを展開したのである。新市場の開拓に際し，広告とチャネル構築に重点を置くやり方は現在のコカ・コーラ・カンパニーにおけるマーケティングにも色濃く残っている。コカ・コーラ・カンパニーは新市場を開拓するにあたり，同社のロゴとシンボルカラーの赤で染められた冷蔵庫やパラソル，看板を零細小売店に至るまで積極的に配布し，頻繁に無料試飲も実施しながら圧倒的なブランドの認知を獲得する。それとともに，徹底的にチャネルの構築に着手することで，多くの人に商品が手に入れられる環境を整備するのである。

コカ・コーラ・カンパニーのグローバル・マーケティングは歴代CEOの意思によって大きく揺り動かされる。1923年に就任したロバート・ウッドラフCEOは積極的に海外展開を推し進め，1929年には76か国に展開を果たした。海外展開を進めながらも同時に彼は現地化を志向し，海外事業に対して自由に裁量権を与えている。ただし現地化といえどもコカ・コーラの味は基本的に変えず，製品以外のマーケティング施策について現地化を志向したのである。そもそもコカ・コーラ原液のレシピは門外不出であったため，当時，原液は本社のあるアトランタで製造されており，その原液を世界に配給していた。米国外の各国市場では，その原液を各国で製造した炭酸水で割ることで商品に仕上げて販売していたのである。コカ・コーラの海外展開については，まず地理的に近い米国の近隣諸国に進出しリージョナル・ブランドとしてブランドを機能させた。その後，欧州各国へ展開しながら，グローバル・ブランドに発展させたのである。1981年にCEOがロベルト・ゴイズエタに変わると，コカ・コーラ・カンパニーは標準化を強調したマーケティングを志向するようになる。その頃には，コカ・コーラはグローバル・ブランドとして世界の各国に展開した。彼の在任期間中（～1997年）にコカ・コーラの展開国は約200か国までに増大した。そして今やコカ・コーラは世界のほとんどの人々がその存在を知るグローバル・ブランドとなっている。

（2）ファンタ

ファンタは，1941年にドイツで開発された炭酸飲料ブランドである。1940年まで，コカ・コーラはドイツでも販売されていたが突然販売ができなくなる。その理由は，第二次世界大戦の勃発である。この大戦により，コカ・コーラの原材料がドイツに配給できなくなり，このブランドが販売できないという事態が発生した。そこでドイツでは新しいブランド開発の必要性に迫られた。その結果，1941年にこの国で開発・商標登録されたのがファンタである。このブランドができたお陰で，ドイツではコカ・コーラの原材料が限られていても，商品を販売することができるようになった。

ファンタの誕生は世界大戦に直面したからという偶然の産物ではない。上述した通り，当時在任していたコカ・コーラ・カンパニーのCEOは現地化

を志向し，展開する各国に裁量権を与えていたロバート・ウッドラフであった。そのため，世界大戦の勃発によるコカ・コーラ原材料の不足という事態に，現地では新しいブランドの開発に着手することができたのである。もし当時のCEOが世界で標準化した展開を志向するロベルト・ゴイズエタ次期CEOであったとしたら，そもそもドイツで新しいブランドの開発は実施されなかったかもしれない。

　ファンタは当初ドイツ国内のみで流通していた。その後1955年から欧州へ展開されるようになり，ローカル・ブランドからリージョナル・ブランドに変化した。その頃には欧州地域の多様なニーズに対応するために，様々なフレーバー（味）が開発された。そしてその後，欧州地域に限らない様々な国でファンタが販売されるようになり，ファンタの役割がリージョナル・ブランドからグローバル・ブランドに変化した。日本でも1958年にファンタが発売されるようになった。コカ・コーラとは異なり，ファンタでは現地のニーズに合ったフレーバー（味）といったように，価格・チャネル・広告以外に，製品自体にも現地化を実施するようになった。たとえば日本では1958年当時に，市場に最も受け入れられやすいと考えられたオレンジ味，グレープ味，ソーダ味の3種類が導入された。ファンタであっても，ローカル・ブランド，リージョナル・ブランド，グローバル・ブランドという変遷を辿り，規模の経済を活かして展開しているのである。

（3）ジョージア

　ジョージアは1975年に日本で販売開始された缶コーヒーブランドである。ジョージアと命名されているのは，当時日本での缶コーヒーブランド開発に米国本社が反対をしたためとされている。新ブランド開発に挑む日本では，皮肉を込めて本社のあるジョージア州を捩った名前をこのブランドに付けたのである。1975年当時の本社CEOは海外展開を進めながらも現地化を志向するロバート・ウッドラフである。上述したファンタの事例から単純に考えると日本独自ブランドの開発に対して本社の反対はないように思えるが，缶コーヒーであるジョージアについては別であった。そもそも当時のコカ・コーラ・カンパニーが所有するブランドは炭酸飲料と果実飲料に限られており，

缶コーヒーを展開することは同社の方針と異なっていた。また，もし缶コーヒーブランドを立ち上げたとしても全く売れないであろうと考えられていたのである。ジョージアブランドへの米国本社対応に関する資料ではこれらの理由が挙げられているが，それに加え「将来的に同ブランドが海外展開を果たし規模の経済を獲得できそうにない」という点も大きな反対要因であったのではないかと考えられる。そもそもコーヒーが缶に詰められて販売されるというのは日本特有なスタイルであった。1975年以前から日本市場ではいくつかの企業が缶コーヒーブランドを立ち上げ，その市場は急速に増大していた。その一方で，日本以外の国々では缶に入れられたコーヒーを飲むというスタイルがなかった。ロバート・ウッドラフCEOは確かに現地化を志向していたものの，海外展開に積極的でもあった。その点で，将来的に複数国間で規模の経済獲得が見込めるブランドか否かという視点は特に検討されていたと考えられる。

　1975年に発売されたジョージアは本社の想定とは裏腹にローカル・ブランドとして日本市場で大きく売上を伸ばした。これを背景に日本ではさらなるローカル・ブランド開発に取り組むようになり，1983年にはスポーツ飲料ブランドであるアクエリアスが誕生する。2000年にCEOへ就任したダグラス・ダフトは標準化と適合化（現地化）の最適ミックスである複合化を全面的に打ち出すとともに，「日本の新商品開発が世界に革新をもたらすきっかけを作っている」と述べている。つまりコカ・コーラ・カンパニーは日本でのノウハウを海外市場へ横展開し，規模の経済を生み出そうとしているのである。また2004年にCEOへ就任したネヴィル・イスデルも同様に複合化の志向を打ち出し，ある市場で生まれたアイデアを他国へ横展開することの重要性について述べている。

　ジョージアは現在，韓国や中国へ展開されておりローカル・ブランドからリージョナル・ブランドへ少しずつその役割を変化させつつある。またアクエリアスはアジアの各国だけでなく，スペインを始めとしたEU各国にまで展開されており，ローカル・ブランドからリージョナル・ブランドを経て，グローバル・ブランドへ成長しつつある。それ以外にも日本で誕生したいくつかのブランド（またはノウハウ）がこれまでに海外市場へ横展開されてい

図表2-4 Product Lifecycle

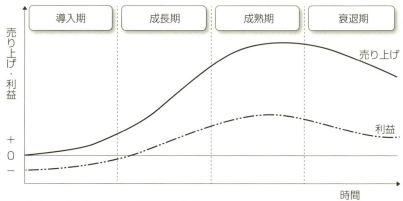

出所:Kotler and Keller (2005) を基に筆者作成。

る。なおここで触れたグローバル・マーケティングと現地子会社の役割について,詳細は1章を参照して欲しい。以降はIPLC (International Product Lifecycle) の観点から,上述したコカ・コーラ・カンパニーの事例について考えることにする。

3 IPLC (International Product Lifecycle)

どのようなブランドにも寿命がある。ブランドは開発されてから市場に導入され,次第に普及し売上のピークを迎える。しかしその後,時間とともに遅かれ早かれ衰退していくのである。これはProduct Lifecycle (PLC) 理論によって説明することができる。図表2-4にPLC理論の概念図を示した。ここでは商品 (Product) をブランドに置き換えて説明する。ブランドの一生には4つのステージが存在する。それらは,導入期・成長期・成熟期・衰退期である。

ブランドは導入期において認知度を高め,市場へブランドを普及させる努力に徹することとなる。その期間,多くの売上は期待できない。次第に少しずつ売上が高まるにつれ,ある時点を超えると成長期に移行する。成長期では,売上がこれまでとは異なる割合で増大する。多くの消費者がブランドの内容

図表2-5 International Product Lifecycle

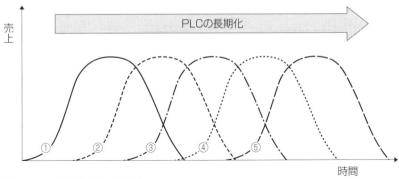

出所：Vernon（1966）を基に筆者作成。

について理解するようになり口コミが盛んになるのもこの時期である。またそれに併せて，収益が損益分岐点を超えて黒字化していくのもこの時期である。成長期を超えると成熟期に移行する。成熟期では，多くの消費者がブランドを手にすることで売上のピークを迎える。そして売上が次第に減少し始めるのも成熟期である。成熟期では，消費者の持つ当該ブランドに関する情報が豊富になり様々な不満も顕在化し始める。その不満を解消する代替商品が出回るのもこの時期である。成熟期を超えると最後に衰退期に移行する。衰退期では，売上が減少の一途を辿る。企業が長期間，高い売上を維持するためには様々な工夫が必要であるが，その解決策の1つが海外展開である。

　図表2-5にVernon（1966）やWells（1968）によるInternational Product Lifecycle理論の概念図を示した。まずブランドの開発国において当該ブランドは展開（生産・販売）される①。そしてその少し後に，他の先進国にもブランドが展開（輸出or生産・販売）され，そこでも消費が始まる②。その後，経済発展度が相対的に低い別の国にもブランドが展開（輸出or生産・販売）され，そこでも消費が始まる③。そしてその後も他の国々に少しのタイムラグで展開していくと仮定した場合，それぞれのPLCは図表2-5のようになる。

　これを見ると，ブランドの開発国1か国のみで展開した場合と比較して，複数の国々でブランドを展開することにより長期間，高い売上を維持するこ

とができるのである。更に時間が進むにつれてブランドにノウハウが蓄積され、また大量生産によってもたらされた規模の経済が働くことで、より高い利益も創出することができるようになるのである。

　IPLC理論の考え方を上述したコカ・コーラ・カンパニーのブランド展開史にあてはめて考えてみる（図表2-6参照）。コカ・コーラやファンタ、そしてジョージアのいずれにしても、ブランドそれぞれの背景・事情は異なっていたとはいえ、当初は開発国のみで展開されていた（ローカル・ブランド）。しかし暫くしてからそれらのブランドはどれも近隣諸国に展開されることになった（リージョナル・ブランド）。そしてその後、更に各ブランドは展開国を拡大していっている（グローバル・ブランド）。もし展開しているある国がブランド衰退期に移行し売上が低下したとしても、様々な国へ展開していれば全体的に一定水準の売上を維持することができるのである。更にこれまでにも触れてきたように、展開国が増加するに従って規模の経済が強く働き、より高い利益も望めるようになるのである。

　コカ・コーラ・カンパニーはこの考え方を強く考慮して当初から海外展開を実施していたからこそ、日本市場における缶コーヒーブランド、ジョージアの開発に反対したと考えられる。ある国に適合化（現地化）し過ぎたブランドを開発すると、当該国では売上を伸ばすかもしれない。しかしそれがもたらす波及効果が薄ければ、PLCは短命に終わり長期間で高い収益を望むことは難しくなるのである。当時のコカ・コーラ・カンパニーの懸念とは反対に、今やジョージアはレディメイドの画期的なコーヒーとして韓国や中国でも展開され、ローカル・ブランドからリージョナル・ブランドにその役割を成長させようとしている。開発した製品を含む様々なマーケティングについて、海外市場で標準化可能なポイントを模索しながら展開することが、グローバル・マーケティングにおいては肝要なのである。ただし繰り返し述べていることであるが、単にブランドを標準化しただけでは、なかなか海外の消費者に受け入れられないことも事実である。標準化できる点と、適合化しなければならない点のバランスを考えながら海外市場で展開していく必要があるのである。

　現在、コカ・コーラ・カンパニーは各ブランドのPLCを引き延ばすために様々

図表2-6　IPLCとローカル，リージョナル，グローバル・ブランド展開

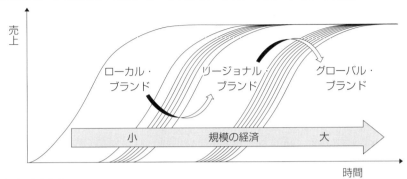

出所：筆者作成。

な施策を世界で展開している。消費者を飽きさせないために，上述したファンタのごとく1つのブランドの中に様々なラインナップを拡充させることも一例である。たとえばコカ・コーラ・ブランドに関連するものでは，コカ・コーラゼロやコカ・コーラライフ等を展開することでラインナップを拡充している。また近年コカ・コーラは，そのブランドを単なる飲み物ではなく，消費者同士の感情的な結び付きを形成するための道具に昇華させようとしている。2011年以降，コカ・コーラが世界的に展開してきた「Share a Cokeキャンペーン」ではコカ・コーラのパッケージ1つ1つに異なる名前が印字されていた。消費者はパッケージに印字されている自分や家族，友人の名前を見つけることがきっかけで，その人とコミュニケーションを取ることになる。コカ・コーラがコミュニケーションのきっかけを担うことになり，大切な人とのつながりをコカ・コーラが媒介している構図になるのが特徴的である。このキャンペーン以降も，パッケージに名前ではなく若者がSNSで相手とやりとりする際に用いるスタンプ画を大きく掲載し，それを携帯電話で撮影して友人とやりとりする利用スタイルを喚起している。

　このようにコカ・コーラというブランドに新しい役割を与え，単なる飲み物以上の価値を持たせることによってPLCを長寿化させようとしている。2016年現在のコカ・コーラ・カンパニー，ムータ・ケントCEOは「消費者とともにブランドを構築する重要性」を志向しており，品質を超えた価値を

世界的に展開している。PLCの長寿化は製品イノベーションによってのみ達成可能であると思われがちであるが，実際はそれだけでなく製品政策以外のマーケティングによっても達成可能なのである。

4 文化拘束的商品

　最後に，本章では海外展開が比較的に困難な文化拘束的商品についても示しておく。国際的にPLCをつなげて一定の売上を維持しようにも，商品の特性によってはそれを実行することが特に難しい場合が存在するのである。文化拘束的商品（Culture Bound Product）とは，商品特性が各国の文化と密接に関わり合っている商品である。本章では飲料を取り上げたが，これも文化拘束的商品の1つである。ある国特有の飲み物がその味や飲み方のために，他の国では受け入れられづらいことも多い。文化拘束的商品の代表的なものとしては食品がある。食品も飲料と同様に，様々な要素が各国特有の特徴であることが多い。現在，世界で展開しているキッコーマンが米国に初めて醤油を展開した際に，現地の消費者から謎の黒い液体として受け入れられづらかったことなど事例は枚挙に暇がない。

　文化拘束的商品の反対には，文化開放的商品（Culture Free Product）というものもある。文化開放的商品とは，上記とは反対に商品特性が各国の文化とは関係の薄い商品である。文化開放的商品の代表的なものには，機械部品などをはじめとした産業財がある。機械部品などは相対的に各国の文化と関わりの薄いものが多く，特に世界標準規格が据えられているものについては海外でも展開がしやすい。そして文化拘束的商品と文化開放的商品の両極間にも様々な商品が存在している。たとえば生活家電等は文化拘束的商品と文化開放的商品の狭間に存在している。文化拘束的商品になるほど海外で受け入れられづらくなる。そのため文化拘束的商品を海外展開する際は適合化をより慎重に検討する必要があるのだ。コカ・コーラ，マクドナルド，ネスレ，ダノン，アンハイザー・ブッシュなど食品・飲料分野でもグローバル化しているブランドが存在するように，文化拘束的商品であってもグローバル化して規模の経済を獲得することは可能である。ただし文化開放的商品と比

較して海外展開で大きな困難が付きまとうことになる。

5 まとめ

　本章ではコカ・コーラ・カンパニーのブランド展開史を基に，いくつかのブランドがどのように海外展開を実施してきたのかを概観してきた。そのうえでそれぞれのブランドがローカル・ブランドからリージョナル・ブランド，そしてグローバル・ブランドへと成長する過程を確認した。今や代表的なグローバル・ブランドであるコカ・コーラやファンタでさえもローカル・ブランドから成長して現在に至っているのである。そして各ブランドの誕生，そして成長・発展には当時のCEOの考え方が色濃く出ていた。

　一方，コカ・コーラ・カンパニーで一貫する考え方は，海外展開を果たすことにより長期的に売上や利益を維持・拡大するというIPLC理論の観点によって説明可能であった。またそのために近年のCEOは，各国で誕生したイノベーションやマーケティングをその近隣諸国に横展開することでさらなる成長につなげようとする考え方を示していた。イノベーションやマーケティングの横展開という考え方は各国のPLC，そして全体としてIPLCの寿命を引き延ばす効果がある。さらに1か国だけでは得られなかった様々なノウハウが海外展開を経ることによって誕生し，それらが有機的に結合することでブランドやそれを抱える企業を成長させている。

　本章では最後に文化拘束的商品と文化開放的商品という考え方を取り上げ，国際的にPLCをつなげて展開することが特に容易ではない商品が存在することを示した。食品や飲料などといった各国の文化に深く関係する商品については，適合化について他の商品よりも慎重に検討しなければならない。本章冒頭でも示した通り，グローバル・ブランドは単なる標準化ブランドではない。たとえグローバル・ブランドであったとしても，適合化の要素は多分に残されているのである。

〈注〉

1) The Coca Cola Company（2015）を参照。
2) The Coca Cola Company Webサイト。
3) 利根コカ・コーラボトリング株式会社40年史編集委員会（2003），17ページ，116ページ。
4) Ghemawat（2007），邦訳，37-38ページ。
5) キューバ，カナダ，パナマなどに展開した。詳細は日本コカ・コーラ株式会社のWebサイトを参照。
6) Ghemawat（2007），邦訳，38-41ページ。
7) 日本コカ・コーラ株式会社のWebサイト。
8) これらは他国でも展開されていたフレーバー（味）の一部である。
9) Ghemawat（2007），邦訳，48-49ページ。
10) 利根コカ・コーラボトリング株式会社40年史編集委員会（2003），55ページ。
11) 多田（2010），40ページ。
12) Ghemawat（2007），邦訳，43-45ページ。日経ビジネス（2004），52ページ。
13) Ghemawat（2007），邦訳，45-47ページ。
14) ムータ・ケント（2011），15-16ページ。

● 参考文献

Ghemawat, P.（2007）*Redefining Global Strategy: Crossing Borders in a World Where Differences Still Matter*, Harvard Business School Press.（望月衛訳『コークの味は国ごとに違うべきか』文芸春秋，2009年）

Kotler, P. and Keller, K.L.（2005），*Marketing Management*, 12th edition, Prentice Hall.

Vernon, R.（1966）"International Investment and International Trade in the Product Cycle," *The Quarterly Journal of Economics*, Vol.80, pp.190-207.

Wells, L.T.（1968）"A Product Lifecycle for International Trade?," *Journal of Marketing*, Vol.32, No.3, pp.1-6.

多田和美（2010）「日本コカ・コーラ社の製品開発活動と成果」北海道大学大学院経済学研究科『經濟學研究』第60巻第2号，27-77ページ。

ムータ・ケント（2011）「コカ・コーラ　10年間で事業を2倍に成長させる」『ダイヤモンド・ハーバード・ビジネス・レビュー』12月号，12-21ページ。

● 参考資料

Interbrand Webサイト，Best Global Brands, http://interbrand.com/best-brands/best-global-brands/, 2016年8月23日アクセス。

The Coca Cola Company Webサイト, http://www.coca-colacompany.com/investors/, 2016年8月23日アクセス。

The Coca Cola Company（2015）*Annual Report*, The Coca Cola Company.

The Coca Cola Company（2014）*Annual Report*, The Coca Cola Company.

The Coca Cola Company (2013) *Annual Report*, The Coca Cola Company.
利根コカ・コーラボトリング株式会社40年史編集委員会 (2003)『利根コカ・コーラボトリング株式会社40年史』利根コカ・コーラボトリング株式会社.
日経ビジネス (2004)「米コカ・コーラ　飲料を多角化し再成長へ」『日経ビジネス』日経BP社，2004年1月26日号，50-54ページ.
日経ビジネス (2008)「世界メジャーがノウハウ吸収で熱視線　販売戦略は「日本道場」で磨く」『日経ビジネス』日経BP社，2008年4月21日号，28-31ページ.
日経ビジネス Associe (2016)「トップランナーに聞く　魚谷雅彦」『日経ビジネス Associe』日経BP社，2016年6月号，4-8ページ.
日本コカ・コーラ株式会社ウェブサイト，http://www.cocacola.co.jp/，2016年8月23日アクセス.

第3章
レクサスのグローバル・ブランド戦略の展開と課題

1 レクサスの生成と発展過程

　レクサスは，1989年よりアメリカ市場で初めて開発販売されたというユニークな事業発展の経緯を持つトヨタ自動車の高級車ブランドである。

　当初，アメリカ市場は，既存の欧米高級車ブランドやアメリカの伝統的なブランドが存在し，この市場セグメントにトヨタが新規参入する余地などないという状況下であった。しかし，トヨタは新たなテストコースの建設を初めとした従来を大きく超える開発体制・品質基準を策定し，約5年間にも及ぶ長い開発期間を経た後，1989年に初代LSを開発販売した。

　トヨタのアメリカ市場におけるマーケティング戦略の成功要因としては，レクサスが掲げるコンセプトが顧客に受容されたことがあり，LSは発売初年度だけで約1万1,600台，ESの約4,700台と合わせるとレクサス全体で約1万6,300台を売り上げ，大衆車メーカーによる高級車市場参入の成功例となった。メルセデス・ベンツやBMWなどのドイツ製高級車に匹敵する品質や安全性と，日本車の信頼性や経済性とを両立させると同時に，お手頃な価格設定や最高の接客とアフター・サービス体制を拡充して，新たな強みを目指してきた。

　なお，北米高級車セグメントの市場では，1986年より本田技研工業の「アキュラ」，1989年より日産自動車の「インフィニティ」が競合していたが，レクサスは，伝統や威厳を前提とした旧来の高級車のあり方を否定し，極めて「機能的」かつ「高品質」なプレミアム価値を模索したのである。当初はユーザーの嗜好の違い等の理由から日本国内でのレクサス・ブランドの展開予定はな

図表3-1　世界87か国地域別レクサス販売台数

(単位：台)

地域＼年	2014	2015	前年比
北米（4か国）	329,698	367,734	11.5%
米国	311,389	344,601	10.7%
南米（11か国）	1,066	1,438	34.9%
西欧（18か国）	28,791	35,850	24.5%
中・東欧/CIS（20か国）	22,802	24,426	7.1%
アジア・大洋州（19か国）	56,157	62,537	11.4%
日本	44,246	48,231	9.0%
中国	76,115	86,912	14.2%
アフリカ（7か国）	1,344	1,027	▲23.6%
中近東（8か国）	42,382	43,992	3.8%
87か国計	482,240	537,004	11.4%

注：▲はマイナス。
出所：『FOURIN世界自動車統計年刊2016』40ページ，豊田汽車投資有限公司ヒアリング調査資料を参考に筆者作成。

く，海外でレクサス・ブランドで販売される車種を日本市場向けに仕様変更やグレードの見直しをした上で，トヨタ・ブランドから別名称で販売されていたのである（たとえば，LSは日本名「セルシオ」，同様にGS：「アリスト」，ES：「ウィンダム」，IS：「アルテッツァ」，SC：「ソアラ」，LX：「ランドクルーザーシグナス」，GX：「ランドクルーザープラド」，RX：「ハリアー」）。

しかし，日本でのレクサス・ブランドによる販売が2005年に開始された以後は，順次レクサス・ブランドの全世界統一名称・品質基準に変更して，レクサス販売店チャネルで取扱っている[1]。

このような競争環境下において，Lexus Internationalは，日本初のグローバルプレミアム・ブランドの確立に向けて，グローバルにレクサスの本社の役割を担うよう，2012年，レクサス本部を改編して設立された[2]。

本章では，レクサスの先進的な事例から見るおもてなしサービス・マーケティングの概要を紹介し，その背景にあるレクサスのグローバル・ブランド・マーケティング戦略の特徴と現地適合化の現状や課題について明らかにしたい。

図表3-2　レクサスの地域別販売台数（2016年1～6月）

地域	販売台数（万台）	伸び率（％）
北米	16.2	▲4
中国	4.7	26
欧州	3.6	16
日本	2.8	26
中近東	2.2	▲1
東アジア	1.2	19

注：▲はマイナス。
出所：『日本経済新聞』2016年8月10日付朝刊，12ページ。

　図表3-1に示すように，2015年の世界87か所のレクサス販売台数は53万7,004台であった。そのうち米国，日本，中国の3か所で全体の約9割を占めているため，本章ではその3か所を重点的に取り上げることにしたい。

　新聞報道によると，「レクサス」の2016年1～6月の世界販売実績は前年同期を5％上回る約31.9万台であった。2015年新型車を相次ぎ投入した効果が全体の伸びを牽引し，3年連続で過去最高を更新した。2015年に多目的スポーツ車（SUV）「RX」や最高級SUV「LX」，中型セダン「ES」の新型車が投入された結果，日本国内を含む4地域で販売台数が前年実績を上回ったと考えられる（図表3-2参照）。

　香港を含む中国市場では，ハイブリッド車（HV）を含むESの販売台数が前年同期の1.8倍の2万台となった。SUVも堅調に推移し，全体は26％増の4.7万台であった。

　日本市場では，RXやLXのSUVが人気となり，26％増の2.8万台。欧州ではRXの売れ行きが前年同期比23％増と特に好調だったこともあり，全体でも16％増の3.6万台を確保した。台湾を含む東アジアも19％増の1.2万台であった。

　他方，主力の北米市場は4％減の16.2万台だった。ガソリン安の影響で大型車に需要がシフトしている米国ではRXなどSUVが11％増の8.6万台だったのに対し，ESやISといった乗用車の販売台数が2割減の6.5万台にとどまっ

たのが響いた。原油安で経済が低迷している中近東は1%減の2.2万台であった。このように，現況の販売動向として欧州や東南アジア市場での販売好調さが目立つ一方，原油安等の影響で北米や中近東向けが振るわなかった。[3)]

2 レクサスのブランド戦略

　レクサス・ディーラーの特徴を見ると，レクサス・ブランド独自のディーラー網が創造され，統一されたコンセプトに基づいた販売店が新規に開設されている。こうしたレクサスの専売ディーラー制の採用は，高級ブランドとしての差別化機能を強化するのに重要な役割を果たしてきたと言える。
　レクサスのディーラーは，修理・メンテナンス情報に基づき作成された自動車カルテを活用し，各市場にあった顧客サービスを提供している。ディーラーのサービスは所有体験と顧客満足を追求するものであり，優秀なディーラーによって差別化されたブランド価値をユーザーに伝えるということがブランドの浸透に効果的であった。このような取組により，レクサス・ディーラーによる顧客サービスは，継続的に改善されている。
　また，トヨタ自動車は，レクサス・ブランドを確立するために，ブランドの基本方針として「レクサス憲章（The Lexus Covenant）」を創っている。旧レクサス本部（現Lexus International）では，憲章や明確なブランド概念を本社とディーラー間で共有し，ブランド価値を統一している。
　トヨタは企業内大学の教育機関を創設し，ディーラーに財務，アフター・サービス事業の収益性などを分析するための経営管理支援を行っている。レクサス本部によるディーラー支援においては，現地のディーラーとのコミュニケーションを取るために，多くの意見交換・情報共有の場を設けてきた。レクサス本部は，公式なディーラー支援だけでなく，非公式な会議などを開くことにより，ディーラーと信頼関係を築き，ディーラーからの顧客サービスに関する要望や質問を受け入れる体制を取っている。
　レクサス本部がディーラーの販売店舗に対してベストプラクティスを共有化させることは，レクサスに対するブランド価値と顧客満足度の向上に役立った。このようなレクサス本部によるディーラー支援施策が，レクサス本部と

ディーラー間の長期的な信頼関係を醸成して，ブランド価値と顧客満足度の向上に寄与してきたのである。

3 日本市場におけるレクサスのブランド・マーケティングの展開

　レクサスがアメリカ市場でワールドプレミアを飾ったのは1989年である。しかし，当初，日本への導入は計画されていなかった。時を経て2005年に，日本の自動車オーナーたちが高品質な国産車を渇望しているという消費者ニーズの高まりに応えて，日本市場への導入を決定した。レクサス・ブランドの日本市場への参入は2005年8月のことで，販売店開設直後に，実効性の高い施策を次々と展開し，143店舗のディーラーネットワークを成功裏に構築した。店舗には高級感あふれるデザインを取り込み，またショールームに立つセールスコンサルタントからテクニカルスタッフまで，約2,000名のトレーニングを開始したのである[4]。

　レクサスは1989年にレクサス・ブランドを開発して，主に北米の高級車市場において一定の地位を築いてきた。一方，ヨーロッパ市場ではメルセデス・ベンツやBMWといった伝統的欧州車が圧倒的な市場シェアを握り日本車の追随を許さなかった。日本市場においてさえも欧州高級車ブランド信仰は依然低下せず，日本の高級車メーカーの地位は厳しい状況であった。

　一方，日本の国内市場では，レクサスというブランドはトヨタブランドとは異なる別ブランドとして新たに確立されたことによって市場展開された経緯がある。そのため，その実情はトヨタの車種と同一でありながら，顧客ニーズが日本と海外市場において大きく中身が異なるという問題を生じていた。たとえば，日本では，高級車クラウンに代表される日本の一般ユーザー向けにターゲットを定めていた一方で，LS（日本名セルシオ）は運転手付き用途での使用も多かった。それに対して，海外ではあくまでオーナー自ら運転することが前提であったため，国内外の異なるニーズに対応することが困難となっていた。

　日本ではトヨタ自動車が2003年2月にレクサス・ブランドを展開することを正式発表した。それを機に，デザイン基本理念「L-finesse（エルフィネス）」

といったブランドの再定義・再構築が行われ，全世界で通用する日本発の高級車ブランドとして新生「レクサス」を展開し，今後の経済成長が期待されるアジア新興国市場も視野に入れたさらなる成長を目指すこととなったのである。

「L-finesse（エルフィネス）」とは leading-edge（先鋭）と finesse 精妙を二律双生させることによる新たな価値への昇華を意味する。すなわち，それは一見矛盾することがらを調和させて新たな価値を生み出すことを示している[5]。

このように，日本でのレクサス・ブランドの展開は，日本の消費者ニーズの高まりとともに成果をあげてきたが，その特徴は下記の通りである。

① 47都道府県のすべてに販売店が設置され，ショールームや商談ルーム，オーナー専用のラウンジなどに至るまで，全国の全店舗が高級感あふれる統一デザインになっている。外観デザインも黒色で統一されているため，初めて来訪する店舗でも判別しやすい。店舗数は2015年時点でも全国で約170店舗しかなく，少数限定でプレミア感を創出した。

② 各店舗においては，小笠原流礼法をベースとした独自の接客マナーを徹底している。さらに高級ホテルや百貨店のコンシェルジュからも研修を受け，高級ブランドにふさわしい最高の「おもてなし」を志向したサービスを展開している。

③ 納車時には記念写真撮影やノベルティグッズ贈呈式などが行われる。納車後もレクサス主催のオーナー限定行事（コンサート，ゴルフコンペ，季節のイベントなど）への招待といったサービスがディーラーとレクサス本部との協働で実施されている。

④ レクサス・ギャラリーというレクサスのブランドの世界観を体感できる展示スペースは，東京都（青山・高輪），愛知県（名古屋市・MIDLAND SQUARE）にある。

⑤ レクサス販売店の経営については，特定の直営の旗艦店以外は，既存のトヨタ車ブランド店も運営する各地域別の独立販売会社が経営している。トヨタ車ブランド店から選抜された社員は，レクサス店スタッフの専用研修施設「富士レクサスカレッジ」で専門の研修を経た上で配属されている。

⑥ カーナビゲーション・システムについて，日本仕様車では，全車種・全

グレードにカーナビゲーションが標準装備されている。
⑦　G-Link（テレマティクスサービス）により，車載のカーナビゲーションとオペレーションセンター間で相互通信を行ない，走行中の事故やトラブルに対し，迅速な対応サービスを行なっている。
⑧　レクサス店では，コンシェルジュサービスを行っており，新車もしくは認定中古車を購入した顧客に対して，専門オペレーターによる24時間365日対応可能な電話サポートサービスを提供している。
⑨　2012年6月にトヨタ自動車の社内組織改編が行われ，トヨタブランドとは一線を画した迅速な意思決定などが可能な体制構築を目的に，従前の「レクサス本部」は社内カンパニー的なLexus Internationalへと改組された。デザインや開発，マーケティングなどの機能が統合強化され人員も倍増されるなど，レクサス・ブランドにおける総括本社機能を果たしている。
⑩　Lexus Internationalについては「日本発のグローバルプレミアム・ブランドとしてのイメージ確立に向けた変革が必要」との考えから，2013年4月に豊田社長自らが事業責任者となる別格の位置付けをした。

　これらの努力が実を結び，2015年の日本国内販売台数は約4万8,000台（前年比109％）であり，2005年の国内展開開始以来，過去最高を更新したのである。
　レクサスは顧客満足度指数で高い実績を誇る。たとえば，同ブランドの旗艦店の1つ，レクサス高輪店では，アフター・サービスを受けるためにレクサス車で乗りつけた顧客を出迎えるのは，作業服姿のテクニカルスタッフである。スタッフは車の調子や要望を聞き取り，メンテナンス作業内容などの技術的な説明もこなす。メンテナンス後の見送りまでを含め，基本的に1人が一貫して責任を持って応対する。
　その高い接客品質の源泉は教育システムにあるといえる。「ブランドづくりは人づくり」との考え方の下で，2005年8月に「富士レクサスカレッジ」が12億円を投じて開設された。レクサス店と同じ仕様の模擬店舗や整備場を備えているのが特徴で，レクサスの新車や，ライバル企業のクルマに乗ることもできる。また，レクサス店への新規配属者には，3日間の研修が義務付けられる。ブランド理念，小笠原流のおもてなしサービス，商品知識や高級

感の演出スキルなどを教育している。また，テクニカルスタッフも「応対レベルアップ研修」でコミュニケーションスキルを習得する。このように，レクサス店では，最高の「おもてなしサービス」の接客がなされているのである。[6]

　三井不動産系のカーシェアリング・ジャパンは，2016年9月から，トヨタ自動車の高級車「レクサス」を利用車種に加える。カーシェア大手でレクサスの導入は初めてであり，都内に9台配置する。高級車に乗ってみたい若者層を引きつけ，会員拡大を目指す。カーシェアは，企業が会員に車を貸し出し，共同利用する。今回，約340万〜480万円する高級レクサスをそろえた。コンパクトタイプの「CT」とセダンタイプ「IS」，多目的スポーツ車（SUV）「NX」を，東京・西麻布や芝浦，豊洲エリアに配置する。会員は約4万6,200人になった。[7]

4 レクサス・ブランドの現地適合化戦略と中国市場での展開

　新興国市場の中国は，アメリカに続いて第2位のGDP総額であり，GDPの成長率は比較的高い。2015年では6.8％の実績となり，2016年も6.5％程度の成長率が達成される見込みである。

　中国の自動車販売市場は，世界一の大市場となっている。注目すべきは，中国，アメリカ，日本に続いて，2015年にインドがドイツを超えて4位になったことである。新興国市場が主戦場になっている。保有台数については，中国はアメリカに続いて第2位に位置する。2015年の中国での保有台数は1億7,200万台に上がっている。また成長率は，他の国が横ばいか低い成長の中，中国は2013年時点で前年比115％の成長を達成した。

　中国では2005年よりレクサスが販売されているものの，その展開には課題が多い。

　中国経済は急成長を遂げているが，モノの消費が主流の時代からコトの消費が主流のサービスドミナントの時代へとシフトし始めている。このような転換期において，レクサスを現地の文化的コンテクストへ適合させるブランド・マーケティング戦略が重要となる。

　中国国産車の市場状況のセグメント別では，2009年から市場は急速に成長し，

スモール車，SUV車の割合が高くなり，2015年では全体の60％強の市場になった（小型車は2リッター以下）。輸入車の市場状況については，日本車とドイツ車が主流で，2013年から米国車のシェアが増えている。

　トヨタの世界各地の販売ランキングでは，中国はアメリカと日本に続いて第3位である。トヨタの中国での販売台数は中国国産車と輸入台数を合わせて2015年では112万3千台で，中国国産車の生産台数は101万台であった。

　中国トヨタの販売会社体制は一汽関係，広汽関係，レクサスとなっている。一汽は天津でTFTM（天津一汽豊田汽車有限公司），四川ではSFTM（四川一汽豊田汽車有限公司）の車両生産体制をとっている。

　それぞれ，一汽トヨタから販売会社FTMS（一汽豊田汽車有限公司）に，FTMSからディーラーに車両は提供され，消費者に販売されている。広汽も同じようなルートになっている。輸入車の場合は，日本のTMC（トヨタ自動車）からレクサスとトヨタのCBU（輸入完成車）をTMCI（豊田汽車中国投資有限公司）が輸入している。レクサス車はレクサスのディーラーに提供して販売している。

　2015年の販売実績を見てみると，一汽は60.7万台で第11位。広汽豊田は40.3万台で第18位である。輸入車の中ではアウディとBMWとメルセデスが強い。ボルボとキャデラックとポルシェが大幅な成長を見せているのに対して，レクサスは2015年では第5位と伸び悩んでいる。

　トヨタは中国において，トータルで22の事業体を持っている。基本統括会社は3つあり，TMCIはそのうちの1つで，北京に設置されている。そしてTTCC（豊田汽車技術中心中国有限公司）の技術センターは天津にあり，開発センターは常熟に設置されている。北は長州，天津，南は広州，西は成都にそれぞれ工場がある。

　TMCI（豊田汽車中国投資有限公司）の2016年3月時点の従業員数は719人である。そのうち中国人の従業員は649名，日本の従業員は70名である。平均年齢は34.2歳で男女比率は5割ずつである。本社は北京にあり，上海，広州，南京，成都にそれぞれ支店が設置されている。

　地域本部機能として，初期の事業化，企画，マーケティング，品質保証，サービス，総経理室，総務，人事，法務，経理関係で20の部門を持っている。

図表3-3　中国におけるトヨタ車の販売台数の推移

(単位：万台)

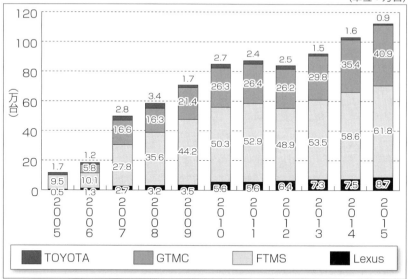

注：GTMC（広汽豊田汽車有限公司），FTMS（一汽豊田汽車有限公司）。
出所：トヨタ汽車投資有限公司ヒアリング調査資料より作成。

　中国では，モノの消費の時代から，近年富裕層の一部では，コト・サービスの消費の時代に変遷しつつある。モノの消費時代には車という製品の機能が競争優位の中核であったが，コト・サービスの消費時代にはそれに加えてサービスが重要になる。

　2016年末現在，中国におけるレクサスのディーラー数は167店開設されている。レクサス憲章に基づき，ディーラー教育が中国のレクサス研修センターで実施されており，中国市場のニーズに合致した人材育成が益々肝要になろう。

　図表3-3に示す通り，中国市場におけるレクサスの販売は中国におけるトヨタ車販売全体の推移に比べて伸び悩んでいる。この要因として，レクサスのブランド・マーケティングの展開において，中国現地の文化的コンテクストへの適合化戦略が課題となっていると見られる。中国独自のSNSや決済機能付きのスマートフォンの活用度などは，日本をはるかに凌いでおり，コネクテッドカーの操作性，G-Linkやコンシェルジュ・サービス体制の現地化などで現地事情に柔軟に適合していくことが急務になっている。

5 結び

　トヨタ自動車はグローバルにブランド・マーケティングの展開をしているが，高級車を販売するため独自のディーラー網を構築した。レクサスは，製品・品質基準をグローバル標準化させている。全社的にブランド・ステートメントなどを共有させ，独自の高級感を追求している。また，販売員の教育訓練を通じてディーラーの顧客サービスを充実させ，レクサスのブランド価値を高めている。さらに，現地の顧客情報に基づくディーラーの意見がレクサス本部との公式・非公式の会議において反映されている。

　このように本章では，レクサス本部とディーラーが双方向的に対話することにより，長期的な信頼関係を醸成してブランド・マーケティングを展開してきていることを論じた。

　一方，近年のモノからコト・サービスのサービスドミナントの時代を迎えて，コネクテッドカーの利便性やソーシャル・ネットワーク化への適合が重要な鍵を握っている。

　これまでのモノを購入しステータスとして満足する時代から，それ以外の共有価値としてのコト・サービスに対価が支払われる時代にシフトしていると言える。

　すなわち，レクサスの「おもてなしサービス」では，ネット・コンシェルジュがレクサスのオーナー会員にレストラン予約の代行業務を行い，応接室を商談用スペースの場として提供するなど，モノからコトを通じた社交の場，交流の場としての付加価値サービスが享受されるのである。

　このようなレクサスに見られるソーシャル・ネットワークを活用した関係性マーケティングの取組は，アウトカム経済社会の先取りを実践している先進的な事例だといえる。

　オープンサービス・ソーシャルイノベーションのグローバル展開においては，文化的コンテクストへの適合化が不可欠である。

　今後は，顧客への販売支援政策として，中国のような新興国では，メンテナンスやアフター・サービス体制の強化が挙げられる。たとえば，アメリカや日本で行われているようなG-Link（テレマティクスサービス・ナビゲーショ

ン）等のユーザー・サポート体制を現地の事情に合わせて適合させていくことが成功戦略として示唆される。

〈注〉
1) トヨタ自動車（株）ホームページ（2016年11月アクセス）
   http://www2.toyota.co.jp/jp/news/13/03/nt13_0306.html
2) 同上。
3) 『日本経済新聞』2016年8月10日付朝刊，12ページ。
4) トヨタ自動車（株）ホームページ（2016年11月アクセス）
   http://www.lexus-int.com/jp/magazine/issue5/lexus-celebrates-25-years/#/14
5) トヨタ自動車（株）ホームページ（2016年11月アクセス）
   http://www.lexus-int.com/jp/our-story/l-finesse/
6) 『日経ビジネス』2013年08月05日号，34-35ページ。
7) 『日本経済新聞』2016年8月27日付朝刊，13ページ。
   https://ja.wikipedia.org/wiki/%E3%83%AC%E3%82%AF%E3%82%B5%E3%82%B9

● 謝辞

本研究では，これまでアメリカ，日本におけるレクサス代理店でのインタビュー調査，Lexus Internationalはじめ豊田汽車（中国）投資有限公司（北京，広州分公司）等での訪問調査でのご協力を得ました。関係者の皆様に感謝申し上げます。

● 参考文献

Aaker, D. A. (1996) *Building Strong Brand*, The Free Press.（陶山計介・小林哲・梅本春夫・石垣智徳訳『ブランド優位の戦略』ダイヤモンド社，1997年）。
FOURIN（2016）『北米自動車産業2016』株式会社FOURIN。
Mahler, J. (2004) *The Lexus Story*, Melcher Media.
植木美知瑠（2006）「レクサスのブランド構築に関する考察」明治大学大学院『経営学研究論集』第25号，255-273ページ。
トヨタ自動車（株）ホームページ，http://www2.toyota.co.jp/jp/news/13/03/nt13_0306.html（2016年12月アクセス）。
『日本経済新聞』2016年8月10日付朝刊，12ページ。
『日本経済新聞』2016年8月27日付朝刊，13ページ。
『日経ビジネス』2013年08月05日号，34-35ページ。

第4章
ダイキン中国の
チャネルモチベーション

1 ダイキンの中国進出

(1) 真のグローバルエクセレントカンパニー

　ダイキン工業株式会社は，1924年に資本金1万5000円で大阪府に設立された合資会社大阪金属工業所という合資会社が元になっている。無限責任社員である山田晃が代表社員を務め1万円を出資，残りは有限責任社員3人の分担出資である。当時の主力製品は飛行機用ラジエーターチューブだった。その後，1934年，大阪金属工業株式会社が資本金25万円で設立され，山田晃が代表取締役に就任した。ここから，冷媒フロンと冷凍機の新規事業への取組が始まった。この2つの事業は，現在のダイキン工業のコア・ビジネスである空調事業と化学事業の起源となる。その後，業務用冷凍機や航空機油圧部品などの生産を手掛けるようになり，1949年に大阪証券取引所に上場，1951年に国産の業務用空調機開発に初めて成功した。1963年の秋には，40周年を迎え，空調や化学の事業拡充と東日本への事業展開を目指すために，社名をダイキン工業株式会社（以下，ダイキンと表記）に変更した。そして2014年，ダイキンは創業90周年を迎え，空調，化学，油圧機器，特機を主な事業として，5期連続で増収増益を達成した。国内の業務用空調機器市場では1位のシェア（40％）を誇り，時代のニーズを捉えながら常に挑戦を続けているダイキンが次に目指す姿が「真のグローバルエクセレントカンパニー」である。
　ダイキンの海外事業は1950年代の製品輸出に始まり，フィリピン，台湾，ビルマ（現ミャンマー），韓国などの近隣アジア諸国にパッケージ型空調，

図表4-1　ダイキン中国の空調事業売上高推移

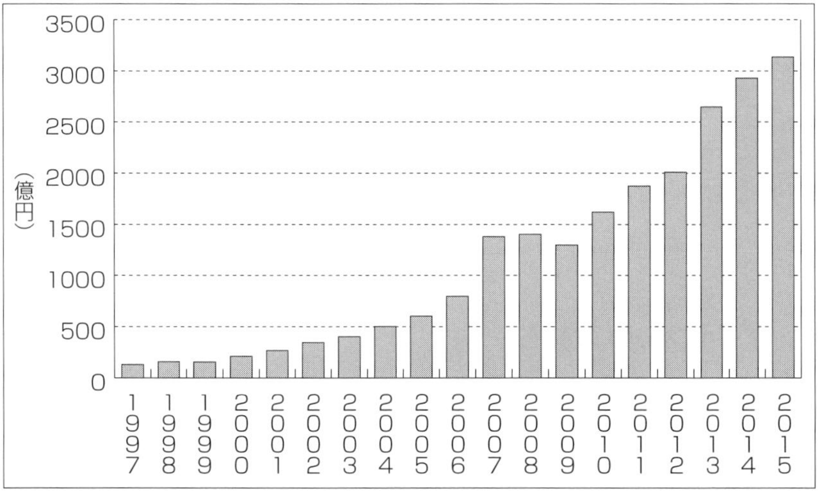

（億円）

出所：ダイキン社内資料より著者作成。

フロンの輸出を行っていた。1994年に井上礼之（現会長）が代表取締役社長に就任して以来，各国の気候や空調文化，発展の程度などを勘案し，主に空調事業と化学事業において積極的に海外へ進出している。2015年時点で，その進出国は145か国にも上り，売上高2兆437億円の内の海外売上高比率は75％，従業員6万805名の内の海外従業員比率は80％となっている。本章では，その進出国の中でも中国を取り上げる。中国に進出したのは1995年であった。当時の井上礼之社長の下での第一次戦略経営計画「FUSION21」によって，空調事業の本格的なグローバル展開が方向付けられ，中国進出はその戦略経営計画における中心的な役割を担っていた。本格的なグローバル展開の先兵という大きな重圧を背負ったダイキンの中国現地法人（以下，ダイキン中国と表記）ではあるが，創業2年目で単年度黒字を達成し，3年目には累積損失を一掃した。その後も売上高は成長を続け，ダイキン中国の空調事業売上高は1997年の131億円から，2015年には3136億円にまで達している（図表4-1）。

(2) 中国進出を支えたパートナー

　ダイキンの中国進出当時，中国国内の住宅用空調販売台数は日本に次ぐまでに成長していた。日立製作所，三菱電機，三洋電機他12社の日系企業が既に進出を果たしており，400社にも及ぶ現地空調メーカーとしのぎを削り合っていた。しかし，当該市場の差別化は困難を極めており，価格競争に陥っていた。そのような状況の中，ダイキン中国が目をつけたのが業務用空調市場であった。業務用空調には，天井埋め込み型，壁掛け型，床置型などといった複数の形状があり，当時の中国の80％が床置き型の空調機を利用していた。ダイキン中国は，業務用空調の中でも天井埋め込み型の空調機を得意としており，その形状の市場はほとんど手付かずの状況だったのである。

　参入当時の中国の業務用空調市場において，同業他社は主に2つの流通チャネルを通じて販売していた。1つはメーカーが直接エンドユーザーに販売するというチャネル，もう1つは独立した卸売業者を通して販売するというチャネルである。ダイキン中国は，この2つのチャネル以外に，工場から特約店を経てエンドユーザーに販売するという独自のチャネルを構築した。中国全地域にダイキンの製品を行き渡らせるためには，社内の営業マンを通じて直接エンドユーザーに販売するだけでは限界がある。とはいえ，卸売業者を介してしまうと，メーカーとの距離が遠くなり，メーカーのやりたいことが伝わりにくく，徹底した実行が難しくなる。この2つの問題を解決するためには，ダイキン中国のDNAを受け継いだ販売店を介してエンドユーザーにダイキン商品を届ける必要がある。その販売店こそが特約店である。

　特約店は，ダイキンのみの商品を取り扱っているわけではなく，他社メーカーの商品も取り扱っている。そのため，ダイキンの商品を顧客に勧めてくれるとは限らない。ダイキン中国は，特約店との関係性を強化するために奨励制度，特約店慰労会，研修やセミナーという取組を行っている。奨励制度には2種類ある。1つは，ダイキン中国が定めた年間総売上高を達成した場合に与えられる奨励である。もう1つは特別奨励と呼ばれるもので，空調設置工事の評定でつけられた等級によって与えられる奨励，前年度の年間総売上高を超えた場合に与えられる売上高増加奨励，ダイキンの新商品を販売してくれた場合に与えられる特別新商品販売奨励の3種類がある。特約店慰労

会では，ダイキン中国が特約店の関係者及びその家族を上海に招き，日頃の感謝を表明する。具体的には，1年間の業績報告，新たな1年に向けての戦略開示，新商品発表及び優秀な業績を収めた特約店の表彰といったことが行われる。慰労会の最後には，ダイキン中国の社員代表が自作の合唱曲「感恩の心」を合唱し，ダイキン中国に貢献している特約店及び家族に感謝の気持ちを伝える。研修やセミナーでは，マネジメント（リーダーシップ，人的資源管理，目標管理等），営業（空調の基礎知識，販売マナー等），設置工事（基本・応用施工，不具合の対処方法等）に関するものを定期的に開催し，特約店の経営をサポートしている。これにより，ダイキン中国は特約店側から「ダイキン中国と組めば利益が出るばかりか，技術力も向上し，店舗全体が成長する」とまで認識されるようになった。

　ダイキン中国は，この特約店を中心に業務用空調機の販売を行い，華南地域だけでも，その特約店数は1996年の14店舗から2000年には200店舗にまで拡大した。そして，2003年度の中国国内の販売シェアにおいて外資系企業の中で後発ながらも首位の座につく。その後，ダイキン中国は，この功績を足掛かりに2004年，住宅におけるマルチ空調（1つの室外機が複数の室内機と接続されているタイプの空調）のニーズをいち早く捉え，高級マンション・別荘など富裕層向けの住宅用マルチ空調市場の開拓を開始する。中国では部屋自体を販売し，内装は顧客に委ねるスケルトン住宅という販売形式をとっている。そのため，空調においても設置工事における提案からメンテナンスに至るまでの一気通貫したサービスの提供が必要となる。そこでダイキン中国は，住宅用マルチ空調の専売店としてPROSHOP（プロショップ）を立ち上げ，その数は2016年5月の段階で2500店舗にも及ぶ。プロショップは特約店とは異なり，ダイキン商品のみを取り扱っている。このプロショップを中心とした販売戦略により，2015年にはダイキン中国の住宅用空調市場の売上高規模は約2588億円にまで成長を遂げている。

　このようにダイキン中国は，業務用空調市場から住宅用市場という流れで中国市場を攻略していった。その攻略の要となっていたのが特約店やPROSHOPといった販売チャネルである。しかし，ここで1つの疑問が生じる。特約店はPROSHOPとは異なり，他社メーカーの商品も取り扱っている。

その特約店のオーナーと営業員にダイキンの商品を勧めさせている要因とは何なのであろうか。ダイキン中国が行っている各種取組（奨励制度等）の何が特約店のオーナーらを突き動かしているのだろうか。次節では代表的なモチベーション研究をベースにその仮説について考えていく。

2 ダイキン中国のチャネルモチベーションの源泉とは

(1) モチベーションが高い状態とは

　特約店オーナーらのモチベーションを高めている要因について検討する前に，まずは「モチベーションが高い状態とは何か」について検討していく。私達は気が付くと何かに没頭している時がある。時間の感覚は完全に消え去り，没頭している間は心地良ささえ感じる。20世紀を代表する心理学者であるミハイ・チクセントミハイは，このような心理状態をフロー（flow）状態と呼んだ。[1] このフロー状態は，換言すると内発的動機付けによって行動が促されている状態であるといえる。

　内発的動機付けとは，好きだからやっている，他人の幸福のためにやっている，といったような自分の内から生じる動機付けのことを指す。たとえば，3Mの勤務時間の15％を自分の好きな研究に使ってもよいとする15％ルールは明文化されたルールではない。明文化されていないルールにもかかわらず，3Mの従業員は明文化されたルールのごとく勤務時間の15％を3Mのために費やしている。無印良品「くらしの良品所」におけるIDEA PARKでは，無印で商品化して欲しいアイデアを誰でも投稿することができ，現在では1万5000件近くのアイデアが投稿されている（2016年8月時点）。投稿者の中には，約2か月の間に100件ものアイデアを投稿している者もいる。この3Mの従業員も，無印の顧客もあたかも「自分が会社を所有している」かのごとくふるまっている。ハーバード・ビジネス・スクール名誉教授であるジェームス・L・ヘスケットらは，このような状態の従業員や顧客をオーナシップ（ownership）と呼称している。オーナーシップの状態では，対象となる企業をより良くしようとしたり，その企業の成功を自分事のように喜んだりする。[2] この状態はまさにダイキンの特約店オーナーらの状態と酷似している。

先述したが特約店オーナーらはダイキンの商品を顧客に推薦しなければならないという義務はない。それにもかかわらず，ダイキンの商品を顧客に推薦するのは，「パートナー企業であるダイキンをあたかも自分が所有している」かのように考えているからであろう。

従って，「モチベーションが高い状態」とは内発的動機付けによって行動が促されている状態であるといえるが，本章では具体的に以下のように定義する。

「対象企業をあたかも自分の所有物かのように考え，その企業のために尽くし，その企業の成功を自分事のように喜べる状態」

(2) モチベーションを高める要因～外的報酬～

動機付けには，内発的動機付けの他に外発的動機付けと呼ばれるものがある。外発的動機付けとは，報酬のためにやっている，上司に褒められたいからやっている，といったような外的報酬によって生じる動機付けのことを指す。外的報酬には，金銭や品物といった物的報酬と賛辞や称賛といった非物的報酬がある。動機付け研究の権威であるエドワード・L・デシらは，この外発的動機付けから内発的動機付けが芽生えていく過程を有機的統合理論（organismic integration theory）において説明している。

有機的統合理論は，外発的動機付けを自己決定（自律性）の程度によって①外的調整，②取り入れ的調整，③同一化的調整，④統合的調整という4つの段階に分けている。外的調整の段階では，特定の行動を外的な刺激のみによって調整する（例：目標を達成すれば賞与がもらえるから仕事をする）。取り入れ的調整の段階では，特定の行動が自分の中に取り入れられ，その特定の行動を行わないことにより生じる罪や恥によって行動を調整する（例：同僚もやっているから仕事をする）。同一化的調整の段階になると，特定の行動は自分自身にとって意味のあるものに変わり始める（例：将来的に自分のためになるだろうから仕事をする）。そして統合的調整の段階に入ると，特定の行動に価値を見出し始め（例：好きだから仕事をする），内発的動機付けへと変容していく（図表4-2）。従って，内発的動機付けは，特定の行動が

図表4-2　有機的統合理論～外発から内発へ～

無動機	外発的動機付け				内発的動機付け
無調整	外的調整	取り入れ的調整	同一化的調整	統合的調整	内発的調整

低　　　　　　　　　　自己決定の程度　　　　　　　　　　高

出所：Deci & Ryan（2004），p.16に一部加筆・修正。

外的報酬によって促されている間に，その行動への価値が見出され，その結果として生じるものであるといえる。

　外的報酬には，制御的側面と情報的側面がある。制御的側面は，自分の行動が外発的に動機付けられているのか，それとも内発的に動機付けられているのかという認知過程に影響を与える。情報的側面は，自分の行動に対する有能感や自己決定感という感情過程に影響を与える。金銭や品物といった物的報酬は，制御的側面が強く，内発的動機付けを低下させる傾向がある[3]。デューク大学のダン・アリエリーらは，この傾向を実証的に示している。彼らは，学生に20の計算問題（12マスのマトリックスに数字が書かれており，足して10になる2つの数字を選択するというもの）を4分以内に2つの条件で解答させた。条件1は，正解数9問以内ならば0ドル，10問ならば15ドル，それ以降は正解するごとに1.5ドル，全問正解で30ドルの報酬を獲得できる。条件2は，条件1を10倍にしたもので，全問正解で300ドルの報酬を獲得できる。その結果，条件1の方が条件2よりも多くの報酬を獲得していた（条件1の対最大獲得報酬比は62.9％，条件2は42.9％）[4]。一方，賛辞や称賛といった非物的報酬は，情報的側面が強く，内発的動機付けを高める傾向がある[5]。ペンシルベニア大学のグラントらは，学生を対象にある学生の履歴書に添えるカバーレター（送り状）のコメントを依頼した。当該学生にメールでコメントをすると，その学生から返信があり，もう1つのカバーレターも見て欲しいという要望がくる。その追加要望の承諾率は，返信のメール内容に「感謝の意」を示す内容を加えると，そうでない場合の2倍以上にまで増加した

(「感謝の意有」の承諾率は66％,「感謝の意無」の承諾率は32％)[6]。

ダイキンは特約店に対して,奨励制度といった物的報酬,特約店オーナーらに感謝の意を示す特約店慰労会といった非物的報酬を与えている。これまでの検討を踏まえると,特約店オーナーらの内発的動機付けは後者の影響を強く受けていることが予想される。従って,以下の2つの仮説を導くことができる。

H1：特約店オーナーらの内発的動機付けを高めている要因は,物的報酬によるものではない（物的報酬は内発的動機付けにポジティブな影響を与えない）。

H2：特約店オーナーらの内発的動機付けを高めている要因は,非物的報酬によるものである（非物的報酬は内発的動機付けにポジティブな影響を与えている）。

(3) モチベーションを高める要因～恩義～

最後に特約店オーナーらの内発的動機付けを高めている要因として,「恩義」を挙げておく。恩義について説明する前に,まずは中国のダイキンプロショップオーナーである陳世祥氏に対するインタビュー内容を見ていただきたい。

「うちの店はダイキンのPROSHOPになって以来,利益は連続して増加しており,規模も拡大しました。他の空調会社ともつながりはあるのですが,ダイキンはその中でも一番絆が深い空調会社だと思っています。何か相談があった場合,すぐに対応してくれますしね。またダイキン中国は従業員のスキルアップのために講座も開いてくれるのです。ダイキン中国の毎年策定される戦略や新たな商品導入は必ずうちの店の利益向上につながると信じています。今後もダイキン中国の足として市場を開拓していきたいです」[7]。

上記のインタビュー内容から陳氏は,ダイキンに対して恩を感じていることが分かる。このインタビュー内容は,プロショップオーナーによるものではあるが,特約店に対しても同様に各種研修やスキルアップのためのセミナー

を提供している。人は何かしらの恩恵を受けたら，その恩恵を返さなければならないという心理状態に陥る。これを返報性の規範（または原理）と呼ぶ。この規範を実証的に示したものとして有名なのが，コーネル大学のデニス・レーガンの研究である。この研究は，2人1組で行われたある実験の待機時間中に実施された。実験の待機時間中，被験者の1人が部屋を出ていく。この被験者は実験協力者であり，この後2パターンの行動を取る。パターン1は，2つのコーラを手に持ち，「君の分も買ってきたよ」と告げ，片方のコーラを手渡す。パターン2は，何も持たずにそのまま席に戻る。そしてパターン1か2の行動をとった後，くじ付きのチケットを購入してくれないかともちかける。その結果，パターン1の場合は平均1.73枚，パターン2の場合は平均0.92枚のチケットが購入された。加えてパターン1では，1枚以上チケットを購入した人が約60%存在していた[8]。コーラをもらったという恩を返さなければならないという心情が，チケットの購入という行動を促したのである。

　従って，これまでの検討を踏まえると，以下の仮説を導くことができる。

H3：特約店オーナーらの内発的動機付けを高めている要因は，ダイキンから受けた各種研修やセミナーにより，自店舗の業績が向上したことに対する恩義である（ダイキンへの恩義は内発的動機付けにポジティブな影響を与えている）。

　H1～H3を図示すると図表4-3のようになる。次節ではこの仮説モデルの検証を行っていくことにする。

3 ダイキン中国のチャネルモチベーション

(1) 調査概要

　2016年7月～8月の期間中にダイキンのグローバル戦略本部大森淳一氏，ダイキン中国有限公司の事業推進本部胡玲玲氏の協力のもと，中国の特約店オーナー（主に上海，江蘇，華南）を対象にアンケート調査を行った。アンケートは，ダイキン側によって選定された特約店オーナーに電子メールにて送信

図表4-3　特約店オーナーのモチベーションの源泉－仮説モデル－

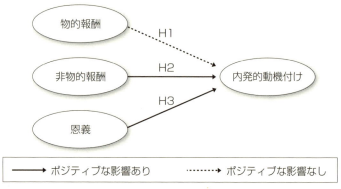

出所：著者作成。

してもらい，同時に回収も行ってもらった（一部は著者らが回収）。その結果，161件のアンケートを回収した（有効回答数は135件）。[9]

　図表4-4は，アンケートの各設問項目を示している。各設問項目はすべて「まったくそう思わない」から「とてもそう思う」までの7段階で測定を行った。非物的報酬に関しての設問は，元々は2つ設けてあったが，ダイキン側の事情により単一設問となっている。また，仮説検証目的の設問項目以外に，顧客へのケア，義務以上のサービスという項目を設定した。これは内発的動機付けの高い特約店オーナーが顧客に対して取る対応を測定するものである。今回の検証目的は，内発的動機付けを高めている要因についてではあるが，これらのデータも追加的に収集を行った。

(2) 分析方法

　仮説モデルの検証は，重回帰分析により行った。重回帰分析を用いれば，複数の要因が結果にどのような影響を与えているのかを明らかにすることができる。仮説モデルを例に説明すると，「物的報酬」，「非物的報酬」，「恩義」という要因が内発的動機付けという結果に与えている影響力を分析，比較することができる。

　物的報酬，恩義，内発的動機付けは，それぞれ3つの設問項目により測定されている。そこで主成分分析という情報を集約して合成得点を算出する分

図表4-4　アンケートの設問項目

	設問内容	参考文献・情報
物的報酬	▶ダイキンから売上に応じて報奨金が貰えると，複数のメーカーの中からダイキンの商品を顧客に選ぼうという気になる。 ▶ダイキンから年間業績に応じて仕入れ価格値下げという特典を受けられるのであれば，複数のメーカーの中からダイキンの商品を顧客に選ぼうという気になる。 ▶売上に応じて旅行等を報酬としてプレゼントされると，複数のメーカーの中からダイキンの商品を顧客に選ぼうという気になる。	Deci（1975） Deci & Ryan（2004） ダイキン関係者へのインタビュー
非物的報酬	▶ダイキンから自分の業績を評価され，表彰されると，複数のメーカーの中からダイキンの商品を顧客に選ぼうという気になる。	Deci（1975） Deci & Ryan（2004） ダイキン関係者へのインタビュー
恩義	▶ダイキンが営業サポート（設置工事のサポート，特約店専用相談窓口によるサポート）をしてくれたおかげで店舗の総合力が上がったため，複数のメーカーの中からダイキンの商品を顧客に選ぼうという気になる。 ▶ダイキンは研修やセミナー等を通じて経営に必要な知識や技術の提供をしてもらったおかげで店舗の総合力が上がったため，複数のメーカーの中からダイキンの商品を顧客に選ぼうという気になる。 ▶ダイキンには自分の特約店の売上向上に関する施策・方策を教えてくれているということに対して恩を感じている。そのため，複数のメーカーの中からダイキンの商品を顧客に選ぼうという気になる。	Cialdini（2001） Pratkanis & Aronson（1992） ダイキン関係者へのインタビュー
内発的動機付け	▶ダイキンの成功は，自分のことのように嬉しいと感じますか。 ▶ダイキンのために努力しようと思いますか。 ▶ダイキンが困難な状況に陥ったとき，自分が苦しい思いをしたとしても，ダイキンのために努力したいと思いますか。	福冨（2012）
顧客へのケア	▶ダイキン商品を購入した顧客へのケアは十分にできている。	Bettencourt et al.（2005）
義務以上のサービス	▶ダイキン商品を購入しようとしている顧客，ダイキン商品を購入した顧客には義務以上，必要以上のサービスを提供している。	Netemeyer & Maxham.（2007）

注：実際の調査では，中国語に翻訳されたものを使用している。
出所：著者作成。

析手法を用いて，3つの要因ごとに合成得点を算出した。その合成得点を用いて，重回帰分析を行っている。

(3) 分析結果と考察

　まず仮説モデルの分析結果に入る前に，中国の特約店オーナーがどの程度ダイキンのために行動しようとしているのかを見ていこう。図表4-5は，内発的動機付けの3つの項目である「ダイキンの成功は，自分のことのように嬉しいと感じますか」，「ダイキンのために努力しようと思いますか」，「ダイキンが困難な状況に陥ったとき，自分が苦しい思いをしたとしても，ダイキンのために努力したいと思いますか」の記述統計量を示している。図表4-5の通り，3つの項目の平均値は，6.10，5.79，5.81，3つの項目の中央値はどれも6.00と非常に高い内発的動機付け傾向にあることが分かる。

　それでは次に本題となる仮説モデルの検証結果を見ていこう。図表4-6は，仮説モデルの分析結果を示している。

　分析の結果，物的報酬は内発的動機付けにネガティブな影響を，非物的報酬と恩義はポジティブな影響を与えていた。従って，H1～H3の仮説は支持された。

　まず，物的報酬と非物的報酬から見ていくことにする。過去の動機付け研究では，物的報酬は内発的動機付けを低下させることが報告されてきたが，本分析も同様の結果となった。しかし，「内発的動機付けを下げるのであれば，物的報酬を与える必要はない」と考えるのは早計である。エドワード・L・デシらは，特定の行動に対して一度報酬を支払ってしまうと，その報酬をやめた場合，その特定の行動をやらなくなる可能性が高くなることを指摘している。物的報酬は与えすぎると内発的動機付けを低下させてしまうが，ある一定水準の行動を従業員に取らせるためにも，ある程度は与えておく必要がある。[10] 続いて非物的報酬に関して見ていくことにする。これも過去の研究と同様に，非物的報酬は内発的動機付けを高めるという結果となった。有機的統合理論（前掲図表4-2）における内発的動機付けに至る直前の段階である統合的調整段階では，人はある特定の行動に価値を見出し始める。ダイキン中国が特約店オーナーらを対象に行っている特約店慰労会では，ダイキン中

図表4-5 特約店オーナーの内発的動機付け傾向

ダイキンの成功は，自分のことのように嬉しいと感じますか		
平均値	中央値	標準偏差
6.10	6.00	1.06
ダイキンのために努力しようと思いますか		
平均値	中央値	標準偏差
5.79	6.00	1.22
ダイキンが困難な状況に陥ったとき，自分が苦しい思いをしたとしても，ダイキンのために努力したいと思いますか		
平均値	中央値	標準偏差
5.81	6.00	1.01

出所：著者作成。

図表4-6 ダイキン中国のチャネルモチベーションの源泉

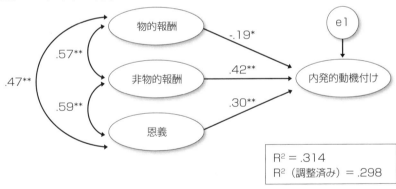

注：(1) **p<.01，*p<.05 (2) 矢印上の数値は標準回帰係数を示す。(3) e1は誤差変数。(4) VIFの値は基準を満たしており（VIF<5），多重共線性の問題は回避できている。(5) 一方向の矢印は因果関係を，双方向の矢印は相関関係を示す。
出所：著者作成。

国の従業員が特約店オーナーらに「感謝の意」を示す。顧客からの「ありがとう」だけではなく，従業員からの「ありがとう」も内発的動機付けを高める効果があることを本分析結果は示している。

　最後に恩義に関して見ていくことにする。分析の結果，恩義は内発的動機付けを高めるということが確認された。人間社会には，様々な規範が存在する。たとえば，列に割り込んではいけない，公共の場にゴミを捨ててはいけない等といったものである。同じ規範でも各文化により異なることが多い。しかし，返報性の規範に関しては，文化横断的に普遍的なものであるとされている[11]。今回の分析により，中国人にも返報性の規範というものが確かに存在するということが分かった。そして，その規範は相手が日系企業であったとしても適用されるようである。だからといってダイキン中国のようにセミナーや研修の提供をただ単に行えば良いというわけではない。ダイキン中国は，セミナーや研修を通じて，特約店の業績もしっかりと向上させている。特約店オーナーがダイキン中国に対して恩義を感じているのは，ダイキン中国自身も特約店を自分の企業のように考えているからではないだろうか。

　また，これは仮説モデル外の分析ではあるが，「顧客へのケア（ダイキン商品を購入した顧客へのケアは十分にできている）」，「義務以上のサービス（ダイキン商品を購入しようとしている顧客，ダイキン商品を購入した顧客には義務以上，必要以上のサービスを提供している）」と「内発的動機付け」との関係性を相関分析（2つの変数間の関係性の強さを確認できる分析）を用いて分析を行った。その結果，「内発的動機付け」と「顧客へのケア」との関係性は見られたが，「内発的動機付け」と「義務以上のサービス」との関係性は見られなかった[12]。特約店オーナーのダイキンのために働きたいという思いは，顧客への気遣いというかたちとなって表れ，具体的な追加サービスまでは至っていないようである。

4 最後に

　本章では，「ダイキン中国の特約店オーナーらがなぜその他のメーカーの商品を取り扱っているのにもかかわらずダイキンの商品を勧めているのか」

という問題意識のもと，そのモチベーション，すなわちその内発的動機付けの源泉について検討を行ってきた。その結果，非物的報酬と恩義がその源泉となっていることを確認した。特に注目していただきたいのが，恩義がその源泉の1つとなっていたことである。ダイキン中国は，セミナーや研修等を通して，これまでダイキンが蓄積してきた経営ノウハウを特約店オーナーらに提供し，特約店の業績向上に貢献してきた。そこには物的報酬も，非物的報酬も存在しない。報酬ではなく，与えられていたのは「経営ノウハウ」という知識である。しかし，その知識のおかげで，多くの特約店の業績は改善へと向かった。それに対する恩が特約店オーナーらに「複数メーカーの商品の中からあえてダイキンの商品を勧める」という行動を取らせていたのである。

本章では，内発的動機付けの源泉として物的報酬，非物的報酬，恩義という3つの要因を取り上げた。しかし，当然この3つの要因のみでは，内発的動機付けのすべてを説明することはできない。これ以外の要因としてはどのようなものが考えられるだろうか。是非考えてみて欲しい。

〈注〉
1) Csikszentmihalyi（1990）参照。
2) Heskettetal.（2008）参照。
3) 杉原他（1987），95-96ページ。
4) Ariely et al.（2009）参照。
5) 杉原他（1987），95-96ページ。一般的には物的報酬は物質的報酬，非物的報酬は言語的報酬と呼ぶが，本章ではより分かり易くするために用語を変更している。
6) Grantetal.（2010）参照。
7) 2015年3月13日に実施した聞き取り調査の内容による（調査実施者：孫薀祺）。
8) Regan（1971）参照。
9) すべての項目に対して同様の回答を繰り返しているものは分析対象から除外した。
10) Deci et al.（1995），邦訳，29-33ページ。
11) Pratkanis et al.（1992），邦訳，209ページ。
12) 「内発的動機付け」と「顧客へのケア」：相関係数.227, p<.05
「内発的動機付け」と「義務以上のサービス」：相関係数.107, p>.05

● 参考文献

Ariely, D., Gneezy, U., Loewenstein, G., and Mazar, N.（2009）"Large Stakes and Big Mistakes," *Review of Economic Studies*, Vol.76, pp.451-469.
Bettencourt, L.A., Brown, S.W., and MacKenzie, S.B.（2005）"Customer-Oriented Boundary-

Spanning Behaviors: Test of a Social Exchange Model of Antecedents," *Journal of Retailing*, Vol.81, No.2, pp.141-157.

Cialdini, R.B. (2001) *Influence: Science and Practice*, 4th ed., Boston, MA: Allyn and Bacon. (社会行動研究会訳『影響力の武器：なぜ人は動かされるのか（第2版）』誠信書房，2007年) Csikszentmihalyi, M. (1990) *Flow: The Psychology of Optimal Experience*, NewYork: Harper & Row. (今村浩明訳『フロー体験喜びの現象学』世界思想社，1996年)

Deci, E.L. and Ryan, R.M. (2004) *Handbook of Self-Determination, Research* softcover edition, Rochester, NY: University of Rochester Press.

Deci, E.L., and Flaste, R. (1995) *Why we do what we do : the dynamics of personal autonomy*, New York : Putnam's Sons (桜井茂男監訳『人を伸ばす力：内発と自立のすすめ』新曜社，1999年)

Grant, A.M., and Gino, F. (2010) "A Little Thanks Goes a Long Way: Explaining Why Gratitude Expressions Motivate Prosocial Behavior," *Journal of Personality and Social Psychology*, Vol.98, No.6, pp.946-955.

Heskett, J.L., Sasser, W.E., and Wheeler, J. (2008) *The Ownership Quotient: Putting the Service Profit Chain to Work for Unbeatable Competitive Advantage*, Boston, MA: Harvard Business School Press. (川又啓子・諏澤吉彦・福冨言・黒岩健一郎訳『OQ: オーナーシップ指数: サービスプロフィットチェーンによる競争優位の構築』同友館，2010年)

Netemeyer, R.G., and Maxham III, J.G. (2007) "Employee versus Supervisor Ratings of Performance in the Retail Customer Service Sector: Differences in Predictive Validity for Customer Outcomes," *Journal of Retailing*, Vol.83, No.1, pp.131-145.

Regan, D.T. (1971) "Effects of a Favor and Liking on Compliance," *Journal of Experimental Social Psychology*, Vol.7, pp.627-639.

Pratkanis, A.R., and Aronson, R. (1992) *Age of Propaganda: The Everyday Use and Abuse of Persuasion*, NewYork: W.H. Freeman. (社会行動研究会訳『プロパガンダ：広告・政治宣伝のからくりを見抜く』誠信書房，1998年)

艾肯空調制冷网 (2016)『中央空調資訊』第1期，47-48ページ．

杉原一昭・桜井茂男 (1987) 「児童の内発的動機づけに及ぼす教師の性格特性およびリーダーシップの影響」『筑波大学心理学研究』第9号，95-100ページ．

高嶋克義 (1994)『マーケティング・チャネル組織論』千倉書房．

高橋基人 (2005)『中国人にエアコンを売れ』草思社．

ダイキン工業株式会社 (2015)『アニュアルレポート2015』．

『日経ビジネス』2009年1月5日，28-31ページ．

『日経ビジネス』2011年12月19日，48-53ページ．

日本経営史研究所編 (2006)『世界企業への道—ダイキン工業80年史』ダイキン工業株式会社．

福冨言 (2012) 「オーナーシップの診断票」，黒岩健一郎・牧口松二編『なぜ，あの会社は顧客満足が高いのか』同友館，197-202ページ．

第5章
キリンホールディングスの東南アジア市場参入戦略

1 はじめに

　本章ではキリンホールディングスの東南アジア市場への参入戦略について取り上げる。現在，キリングループは酒類，飲料，医薬・バイオケミカルなどの事業を中核として，日本をはじめ，アジア・オセアニアを中心にグローバルに展開し，強い事業基盤を確立している。

　多国籍企業の新規市場参入にあたっては，いくつかの決定を行わなければならない。たとえばチャネル戦略にあたっては，自己のチャネルを組織するか，進出先に既存のものを利用するかの決定がある（鈴木，1989）。日本有数の多国籍企業であるキリングループの場合，どのような市場参入戦略を実行しているのだろうか。

2 キリンホールディングス株式会社の沿革と事業内容

　キリンホールディングスは1907年2月に「麒麟麦酒株式会社」として設立され，2007年の持株会社化に伴い現在の商号となった。資本金は1020億円，売上高は2兆750億円（2016年12月期キリンホールディングス連結業績）である。麒麟麦酒株式会社の前身，ジャパン・ブルワリー・カンパニーが設立されたのは1885年7月であり，1888年5月にはジャパン・ブルワリー・カンパニーがドイツ風ラガービールを「キリンビール」の商品名で発売開始している。

　キリンホールディングス（以下，キリン）はキリングループの純粋持株会

社であり，グループの経営戦略策定及び経営管理を主な事業とする。2016年８月現在，日本綜合飲料事業（酒類，飲料），海外綜合飲料事業（酒類，飲料），医薬・バイオケミカル事業の３つの事業を統括している。

日本綜合飲料事業（酒類・飲料）はキリンビール，メルシャン，キリンビバレッジ，キリンという，酒類・飲料事業に携わる各社が一体となって，様々なライフスタイルや価値観に合う商品やサービスの提供を目指している。

海外綜合飲料事業（酒類・飲料）ではパートナー企業との連携によって事業機会の拡大を図り，各事業におけるシナジーを最大化すること，消費者に魅力ある商品・サービスを提供することを目的としている。

キリンは，長期経営構想『KV2021』で，オセアニア，ブラジル，東南アジアを主とするグローバルな地域統括体制の下，綜合飲料事業を展開してきた。[1]

オセアニア地域では，関連グループ会社であるライオン（Lion Pty. Ltd.）のもと，オセアニアでの綜合飲料戦略を推進している。ビール市場の活性化を図るとともに，乳飲料事業では消費者の健康的な食生活をサポートする商品の提案に取り組むなど，新たな価値の創出に注力している。

ブラジルでは，ビール，清涼飲料，清酒，調味料などの幅広いカテゴリーで事業展開してきた。キリンの関連グループ会社にはBrasil Kirin Holding S.A.[2]と東麒麟飲料食品製造販売有限会社がある。ブラジルキリンでは，主力ビールブランド「Schin（スキン）」とプレミアムビールブランドの市場拡大を目指してきた。また東麒麟社（2016年７月に東山農産加工社より社名変更）が製造する現地ブランドの清酒「東麒麟（あずまきりん）」）はブラジル南部を中心に支持されている。

キリンの東南アジアの関連グループ会社には，San Miguel Brewery, Inc.（フィリピン），Kirin Holdings Singapore Pte. Ltd.（シンガポール），Interfood Shareholding Company（ベトナム），Vietnam Kirin Beverage Co., Ltd.（ベトナム），Myanmar Brewery Limited（ミャンマー）がある。

東南アジアでは，酒類事業については，フィリピンのサンミゲルビールコーポレーションやミャンマー・ブルワリーおよびローカルパートナーのもと，キリンブランドや各社ブランドを育成・強化している。また，清涼飲料事業

については，ベトナムでは果実飲料や茶系飲料の提供をしている。

中国地域の関連グループ会社には，麒麟（中国）投資有限公司，麒麟啤酒（珠海）有限公司，華潤麒麟飲料（大中華）有限公司の3社がある。

麒麟（中国）投資有限公司のもとで酒類事業を展開し，キリンブランドや各社ブランドの育成・販売を行っている。また，華潤麒麟飲料（大中華）有限公司はキリンと華潤創業との清涼飲料事業の合弁会社であり，両社の強みを合わせることで主力の水事業拡大や新たな商品カテゴリーをうみだしている。

医薬・バイオケミカル事業においては，関連グループ会社協和発酵キリン株式会社と協和発酵キリングループが，「医薬」「バイオケミカル」の事業分野で製品を開発・提供している。

3 キリンの展開地域のシェア

ここでは，キリンの展開地域のシェアについて見ていく。図表5-1からキリン展開地域5か国のビール消費量とシェアが分かる。

日本では「キリンビール」のブランドで540.7万klの消費量，同国33％のシェアを持っている。ミャンマーでは「ミャンマー・ブルワリー」のブランドで21.0万klの消費量，同国80％のシェアを持つ。フィリピンについていえば，キリンでは公表していないが，各種資料によれば，「サンミゲル・ブルワリー」のブランドで90％以上の同国シェアを持つ。消費量は136.0万klである。オーストラリアでは「ライオン」のブランドで175.3万klの消費量があり，同国48％のシェアを持つ。ブラジルでは「ブラジルキリン」のブランドで1,314.6万klの消費量があり，同国のシェアは13％である。

キリンが東南アジア市場，特に図表5-1にあるフィリピンとミャンマーにおいて資本参加をしている現地企業は，それぞれ地元のビール消費量の90％のシェア，80％のシェアを占めており，キリンは現地の有力ビール製造企業と提携していることが分かる。

図表5-1　キリン展開地域のビール消費量とシェア

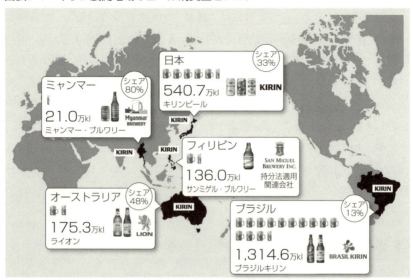

注：2014年調査。
出所：キリンホールディングス，http://www.kirinholdings.co.jp/irinfo/private/global.html　2016年8月23日アクセス。

　図表5-2のようにキリンの東南アジア展開は，まずは各々の国で酒類事業のシェアを持つ優良製造企業への資本参加をしてから市場に参入する方法をとっている。

　具体的には2002年にフィリピンでサンミゲルコーポレーションに資本参加をし，2009年にはビール製造および販売部門として独立したサンミゲル・ブルワリーに資本参加をしている。2010年にはシンガポールでフレイザー・アンド・ニーヴの株式を取得（2013年，タイのTCCグループに売却），同じく2010年にシンガポールでキリンの東南アジア地域統括会社であるキリンホールディングス・シンガポールを設立し，2011年にはベトナムで清涼飲料・食品事業を持つインターフードを連結子会社化している。そして，2015年にミャンマー・ブルワリー社の55％の株式を取得をし，資本参加をした。

図表5-2　キリンの東南アジア展開

2002年3月	サンミゲルコーポレーション（フィリピン）に資本参加
2009年4月	サンミゲル・ブルワリー（フィリピン）に資本参加 ＊持分法適用関連会社
2010年7月	フレイザー・アンド・ニーヴ（シンガポール）の株式購入契約を締結した。
2010年10月	キリンホールディングス・シンガポール（シンガポール）設立
2011年3月	インターフード（ベトナム）を連結子会社化
2015年8月	ミャンマー・ブルワリー（ミャンマー）に資本参加

出所：キリンホールディングス，グループ会社一覧より筆者作成，
http://www.kirinholdings.co.jp/company/organization/，2016年8月21日アクセス。

4 キリンの東南アジアにおける戦略

　ここでは大きなシェアを持つ東南アジアでキリンがどのような戦略を取ってきたのか，キリンの市場参入順にフィリピン，シンガポール，ベトナム，ミャンマー，タイ，インドネシアの6か国について，各国の飲料業界を鑑みながら考察していきたい。

【フィリピン】

　フィリピンの飲料業界で見られる企業グループにはJGサミットグループ，LTグループ，サンミゲルグループがある。

　JGサミットグループの傘下にある食品会社のユニバーサル・ロビーナは，飲料も手掛けるが規模は小さい。LTグループ傘下には，アジアブルワリーという国内シェア10％の非上場会社がある。日本企業のアサヒと2014年に業務提携をしており，都市部のハイパーマーケットなどでアサヒの商品を見ることができる。サンミゲルグループの傘下にあるサンミゲル・ブルワリー（以下，SMB）は，フィリピン最大のビールメーカーで国内シェアは90％である。キリンの株式保有比率は48.6％となっている。

① サンミゲルコーポレーション（フィリピン）

　サンミゲルコーポレーション（以下，SMC）はコファンコ財閥に属し，1890

図表5-3　東南アジアにおけるキリンの関連グループ会社

社名	国名	設立年	事業内容と特徴
インターフード Interfood Shareholding Company（IFS） (ベトナム・キリンビバレッジ Vietnam Kirin Beverage Co., Ltd.)	ベトナム	1991	ベトナムにおける清涼飲料事業，食品事業。 2011年にキリンは57.25%の株式取得。2012年時点のキリンの株式保有比率は80.37%。 2016年11月にインドネシアで試験販売する紅茶飲料を製造。 支店は Interfood Factory と NGK KIRIN Factory の2つ。
ミャンマー・ブルワリー Myanmar Brewery Ltd. (MBL)	ミャンマー	1995	ミャンマーにおけるビール製造および販売。同国のビールシェアは約8割。株主及び持分比率はKHSPLが55%，ミャンマー・エコノミック・ホールディングスが45%。
サンミゲル・ブルワリー San Miguel Brewery, Inc. (SMB)	フィリピン	2009	フィリピンにおけるビールの製造および販売。株主及び持分比率はサンミゲルが約51%，キリンが約49%。
キリンホールディングス・シンガポール Kirin Holdings Singapore Pte. Ltd. (KHSPL)	シンガポール	2010	東南アジアにおける綜合飲料事業戦略の策定と実行。株主及び持分比率はキリンが100%となる。

出所：キリンホールディングス，グループ会社一覧より筆者作成，
　　　http://www.kirinholdings.co.jp/company/organization/，2016年8月21日アクセス。

年の会社設立（東南アジア初めてのビール醸造所）から126年もの歴史を持つフィリピンの巨大企業である。買収による事業拡大を進めており多角化が見られる。海外事業も行っており，輸出⇒事業所設置⇒工場設置の順に進めている。古くから各種投資に注力しており，スペイン企業とライセンス契約を結んでサンミゲル商品の製造をするとともに，欧州・香港向けにビール等を販売している。1997年の金融危機以降，中国，インドネシア，ベトナムに投資を増やし，2008年以降はインフラ事業にシフトをしている。

　本社はメトロマニラのオルティガス地区にあり，もともと東南アジア最大

の食品・飲料会社であった。製造拠点はフィリピン，香港，中国，インドネシア，ベトナム，タイ，マレーシア，オーストラリアにあり世界60市場に輸出をしている。

　現在，グループは多角化を進めており，石油精製，エネルギー，インフラ分野と，飲料・食品とは全く異なる業態へ拡大している。

　石油精製に関しては，2012年にマレーシアのエッソを約700億円で買収するなど，国際展開も積極的である。また石油，LNGなど上流の権益確保にも興味を持っている。祖業のサンミゲル・ブルワリーを売却するという観測は常に流れている。多角化の一方で，ノンコアビジネスは積極的に売却している。かつて，配電会社のメラルコやフィリピン航空の株式も保有していたこともあったが，現在では売却している。2017年現在,マニラ新空港建設に名乗りを上げている。

②サンミゲル・ブルワリー（フィリピン）

　サンミゲルビールは世界のビールブランドのトップ10に入る。キリンは2002年に現在のサンミゲル・ブルワリー（SMB）の親会社であるSMCに約15％の投資をしている。SMCが多角化事業を進める中で，ビール部門をスピンオフし，2007年にサンミゲル・ブルワリー（SMB）として上場した。現在SMCはサンミゲルビールの51.2％の株式を取得している。

　日本の各ビール会社が海外展開を考え始めたのは1995年頃であった。キリンは内部留保が厚かったので，海外展開を一から始めるより海外の優良な企業に投資する形をとった。SMBをキリンが完全子会社化するとの報道が何度か出ているが，SMCとしては国民的ブランドのサンミゲルビールを簡単には手放さないと思われる。もっとも今後，SMCのインフラ事業などさらなる多角化の過程でSMCがSMBを売りたいとの申し出があれば，キリンは検討するであろう。

　SMBはフィリピンで9割以上のビール市場シェアを持つ。他の日系ビール会社が百貨店などの近代小売業しかチャネルを持たない中で，SMBはサンミゲルコーポレーション（SMC）を通して約500の特約店，47万1,000店の零細小売店との取引があり豊富なチャネルを持つ。

図表5-4　サンミゲルの沿革

1890年：	会社設立（初代社長：Don Enrique de Ycaza）。
1895年：	法人化（フィリピン最初の株式会社）。
1922年：	清涼飲料事業に参入。
1925年：	Coca-Colaの瓶詰・流通開始。
1938年：	パッケージング事業を開始（ルソン島以外で初めて操業）。
1980年代：	食品事業への多角化：鶏肉，アイスクリーム，冷凍エビ。
1997年～：	金融危機後，中国，インドネシア，ベトナムに重点投資。
2008年：	Meralcoの株式取得。
2009年：	国内ビール事業をSan Miguel Brewery, Inc.（SMB）として，フィリピン証券取引所（PSE）に上場。 SMB株式保有比率：サンミゲル約51％，キリン・ホールディングス約49％。 Liberty Telecom Holdingsの株式取得。
2010年：	SMBはサンミゲルの海外ビール事業も取得。 SMCはPetronの株式取得。

出所：各種資料より筆者作成。

　サンミゲルビールは在留邦人にも人気があり，日本のビールよりもフィリピンの気候に合っているため，現時点ではキリンのビールを前面に出す予定はない。タイのバンコクでは日系の市場が大きいため「一番絞り」を日本人向けに，サンミゲルをローカル向けに販売する戦略を取っている。フィリピンで中間層が拡大すれば，フィリピン人向けにプレミアムビールとして「一番絞り」を販売できるかもしれない（一部，輸入販売）。

　これまでに技術面，営業面，開発面等各部門での連携，知見の共有を行っている。近年，発売された「サンミグ・ゼロ」という商品はキリンビールの「カロリーオフビール」のアイデアや製法を参考にしており，スタイルを気にする情報感度の高いフィリピンの人々に受け入れられた。

　サンミゲルとのコラボレーションでは，ビール以外にもビバレッジ分野など成長の余地がある。2014年12月には，サンミゲルの系列会社から非アルコール部門の一部をSMBが買収したことにより生産体制は整っている。

【シンガポール】

　シンガポールの飲料業界には，セレボス，APB，イェオ・ハップ・セン等の企業が見られる。

　セレボスはチキンストック（鶏がらスープのもと）等の製造会社であり，2012年にサントリーが230億円でTOB（株式公開買付け）を実施した。APBはタイガービールの製造会社であり，2013年にハイネケンが買収している。イェオ・ハップ・センは清涼飲料製造会社である。

　ほかにフレイザー・アンド・ニーヴ（以下，F&N）があった。F&Nは，食品・飲料事業のほか，ビール事業および不動産事業等を有する，シンガポール証券取引所上場の複合企業グループであった。F&Nの食品・飲料事業は，清涼飲料事業および乳飲料事業に特化しており，シンガポール，タイ，マレーシアをはじめ，幅広く東南アジア市場において事業展開している。

　キリンは，1898年設立のマレーシア，シンガポール第1位の飲料事業などを有するF&Nの株式購入契約を，2010年7月に締結した。この投資によってキリンはアジア・オセアニアでの国際綜合飲料グループ戦略をさらに大きく展開しようとした。

　キリンはF&Nの株式（発行済株式総数の14.7%）を，同社の株式を保有する投資会社テマセック（シンガポール）の100%子会社であるセレター・インベストメンツから相対取引で取得した。

　しかし，2012年から2013年にかけてタイの大手財閥であるTCCグループによって買収された。これによりキリンは保有していたF&Nの株式15%を売却せざるをえず，アジア戦略の大きな変更を余儀なくされた。

　キリンホールディングス・シンガポール（以下，KHSPL）はシンガポールにあるキリンホールディングスの東南アジア地域統括会社であり，2010年10月に設立された。事業内容は東南アジアにおけるキリングループ綜合飲料事業戦略の策定と遂行であり，株主及び持分比率はキリンが100%である。

　キリンでは，KHSPLを中心にして，ベトナムのインターフードやベトナムキリンビバレッジ，タイのサイアムキリンビバレッジ等のグループ会社とともに，東南アジアにおける綜合飲料戦略遂行に取り組んでいる。また，2015年8月には，ミャンマーでビール事業を展開するミャンマー・ブルワリー

87

（以下，MBL）の55％の株式を保有するF&Nから同社保有分全株を取得した。

【ベトナム】

ベトナムの飲料業界には，ビナミルク，THP，サベコ，インターフード等の各社がある。ビナミルクはベトナム最大のミルク製造会社であり，THPはベトナム最大の清涼飲料会社である。サベコはベトナム最大のビール会社で，民営化，IPO（新規公開株）を検討中である。インターフードは飲料製造会社で2011年にキリンが買収した。

キリンの関連グループ会社であるインターフード・シェアホールディング・カンパニー（以下，IFS）は1991年に設立されたベトナム・ドンナイ省のベトナム有数の飲料製造会社である。事業内容は清涼飲料事業（88％），食品事業（3％），その他（9％）である（カッコ内は2011年12月末時点の，全売上高に占める割合）。

IFSは，ベトナムの主要な小売形態である伝統的小売業を中心に，ベトナム全土に流通販売ネットワークを持ち，果実飲料や茶系飲料など複数のブランドを展開している。

主要ブランドとして茶系飲料に冬瓜茶（Winter Melon Tea），果実飲料にパッションフルーツドリンク（Passion Fruit Drink），タマリンドドリンク（Tamarind Drink）などが，そしてアジアンスペシャルドリンクとして鳥の巣（Birds Nest）などがある。いずれもワンダーファーム（WONDERFARM）ブランドとして販売されている。

キリンは2011年3月にIFS発行済株式総数の57.25％を取得した。そして，2012年6月には，キリンのIFSの株式保有比率は80.37％となっている。

【ミャンマー】

ミャンマーは，昨今の民主化・経済制裁解除の動きの中で今後の高成長・消費拡大が期待される有望市場である。

ミャンマー・ブルワリー（以下，MBL）は，1955年に設立された，約8割のビールシェアを持つミャンマー第1位のビール会社である。主力ブランド「Myanmar Beer（ミャンマー・ビール）」，エコノミー価格帯ブランド

「Andaman Gold（アンダマン・ゴールド）」などを擁し，ミャンマーのビール市場を牽引してきた。MBLはこれらブランドの製造拠点であるヤンゴンを中心とした販売網を通して，ミャンマー全土に事業を拡大している。

　株主及び持分比率はシンガポールのキリンホールディングス東南アジア地域統括会社KHSPLが55％，MBLを主要投資先とする事業投資会社のミャンマー・エコノミック・ホールディングス（MEH）が45％である。KHSPLが2015年8月，MBLに資本参加したことによって，MBLの事業基盤をベースにして，東南アジア地域におけるキリングループのブランド力や技術力，商品開発力，リサーチ・マーケティング力などが生かされている。

　キリンは2017年2月，同国シェア1割を持つMEH傘下のマンダレー・ブルワリーを買収すると発表した。

【タイ】

　タイの飲料業界にはオソサパ，シンハー，タイ・ビバレッジ，マリー・サンプラン，ディプコ等の企業が見られる。

　オソサパはエナジードリンクメーカーで，元々カルピスとの合弁企業であった。現在，カルピスはアサヒグループの傘下にある。シンハーは高級志向のプレミアビール会社でありタイにおけるシェアは約40％で，アサヒとは2005年に業務提携をしている。タイ・ビバレッジはタイ最大の飲料メーカーであり，大手財閥のTCCグループに属する。マリー・サンプランはフルーツジュースメーカーで，小売財閥最大手のセントラルグループに属する。ティプコはフルーツジュースメーカーで，2007年にサントリーと50：50の合弁事業を始めた。

　2012年から2013年にかけてタイの大手財閥であるTCCグループがシンガポールの飲料メーカーF＆Nを買収した。買収の過程で公開買い付け競争となったが，アジアのM＆A市場最大と言われる1兆800億円の取引をものにした。この公開買い付けによりキリンは保有していたF＆Nの株式15％を売却せざるをえず，アジア戦略の大幅な見直しを余儀なくされ，タイ市場への参入が難しくなった。

【インドネシア】

　インドネシアの飲料業界には，シナル・ソスロやアクア，ガルーダ・フード，サリムグループのインドフードCBP等の企業が見られる。

　シナル・ソスロは非上場の茶系飲料メーカーである。アクアはインドネシア最大の飲料水会社であり，2011年にダノンが株式の過半数を取得している。ガルーダ・フードは，飲料・食品製造会社でありサントリーと2011年に合弁会社を設立している。サリムグループのインドフードCBPは食品製造会社であり，アサヒと2013年に合弁会社を設立している。

　キリンの東南アジア地域統括会社KHSPLは，2016年11月よりインドネシアで紅茶飲料「キリン午後の紅茶 Tea Break」350ml PETボトルのテスト販売を開始している。東南アジアでのキリンブランド清涼飲料の販売は，インドネシアがタイ，ベトナムに次ぐ3か国目となる。現地コンビニエンスストア業態第1位であるアルファマート（Alfamart）を中心とした約8,000店で販売される。今回，試験投入される紅茶飲料「キリン午後の紅茶 Tea Break」は4フレーバー（オリジナル，ミルクティー，レモンティー，アップルティー）であり，この商品はタイにあるサイアムキリンビバレッジで販売している商品をベースとして，インドネシアの消費者の嗜好に合わせて開発している。希望小売価格は4,500インドネシアルピア（約38円）である。この商品をベトナムキリンビバレッジに製造委託することで，グループ内シナジーの拡充による効果的な綜合飲料戦略展開を目指している。

　成長著しいインドネシア市場に参入することで，東南アジアにおける総合飲料戦略が加速している。インドネシアの飲料市場は過去6年平均で15%の伸びという高成長をしており，東南アジア最大規模に成長している。経済成長に伴い，組織小売業（近代的小売業）の拡大やプレミアム飲料市場も形成されつつある。

　以上，ここでは東南アジアにおけるキリンの関連グループ会社と活動について，フィリピン，シンガポール，ベトナム，ミャンマー，そしてタイ，インドネシアについて取り上げた。

5 おわりに

　東南アジアは，一年の大半が暑く湿度が高い。若年層を中心に人口増加が見られ，気候的にビールや清涼飲料が好まれる市場である。また，所得水準の上昇により消費者が満足度や付加価値の高いものを求めるようにもなっており，有望な市場である。しかし，それぞれの国は多様で市場に入っていくには時間と労力を必要とする。原料の調達や販売ルートの確保，人材の獲得・育成，役所との折衝等すべきことは多い。また，グローバル・ブランドとの競争や，長年消費者に親しまれた商品を持つ現地企業との競争もある。

　多国籍企業が新規市場に参入するにあたって，いくつかの決定を行わなければならない。たとえば自己のチャネルを組織するか，進出先に既存のものを利用するかの決定がある（鈴木，1989）。

　飲料ビジネスは，大規模な生産設備や継続的な研究開発を必要とする資本集約型産業である。また，アルコール飲料の製造は，国からの認可が必要なためスピーディーに物事を進めていくために，現地有力者との関係構築が必須である。そのため，近年の飲料業界は現地のパートナーを求めてM&Aや業務提携が続いている。各国において，提携した現地企業と技術，営業，開発等での連携，知見の共有を行っている。

　日系企業は将来的な日本市場の縮小も見据えて海外市場を求めている。キリンだけでなくアサヒやサントリーなども現地企業との提携の方法をとっている。一般的に日系企業が提携をするにあたっては，相手企業の与信審査を厳しくして，レピュテーションの評価も考慮に入れる。

　キリンの東南アジア市場参入戦略は国民的ブランド同士の連携である。キリンの場合，現地の優良企業と提携を結んでいるのが特徴的である。そして自己のチャネルを組織するのではなく，進出先で既存のチャネルを利用する方法がとられている。

　キリンがフィリピンとミャンマーで資本参加をしている現地企業は，それぞれが地元のビール消費量の90％のシェア，80％のシェアを占めており，キリンは現地の有力なビール製造企業と提携していることが分かる。サンミゲル・ブルワリー（SMB）はフィリピンで9割以上のビール市場シェアを

図表5-5　キリンが取り扱っている各国の飲料

出所：キリンホールディングス，海外綜合飲料事業（酒類・飲料），
http://www.kirinholdings.co.jp/company/business/overseas.html　2016年8月21日アクセス。

持つ。他の日系ビール会社が百貨店など近代小売業しかチャネルを持たない中で，SMBは500の特約店，47万1,000店の零細小売店との取引があり豊富なチャネルを持っている。このように，毛細血管のように張り巡らされている零細小売店をカバーできるのは，SMCのチャネルを利用しているからに他ならない。東南アジアでは各地に中小小売店が多く見られるため，提携などによるチャネル獲得には意味があろう。

　キリンの東南アジア展開は，まず各々の国で酒類事業のシェアを持つ優良製造企業への資本参加をしてから市場に参入している。そして，現地で親しまれているブランドを獲得するだけでなく，既存チャネルも得ている。

　キリンは2002年にフィリピンでサンミゲルコーポレーションに資本参加をし，2009年には同じくフィリピンでサンミゲル・ブルワリーに資本参加をした。2010年にシンガポールでF&Nの株式を取得，同じく2010年にシンガポールでキリンの東南アジア地域統括会社であるキリンホールディングス・シンガポールを設立し，2011年にはベトナムのインターフードを連結子会社化した。そして，2015年にミャンマー・ブルワリーの55％の株式を取得し，資本参加をしている。このような活動によって，各国市場に参入してきた。

　近年の飲料業界の出来事にタイのTCCグループによるF&Nの買収があげられる。F&Nはキリンが2010年に株式取得をした企業であるが，これによりキリンは15％を保有していたF&Nの株式を手放し，アジア戦略に大きな

変更を余儀なくされた。このように，投資による提携には自社の意思とは離れた，危うさもあることを念頭に置きたい。

〈注〉
1) 2016年から2年間の中期経営計画『新KV2021』では，重点課題として，ブラジルキリンなど低収益事業の再生・再編をあげている。
2) 2017年2月13日，キリンホールディングスはブラジルキリンを，オランダのハイネケンに770億円で売却すると発表した。ブラジル経済の低迷や同業他社との競争激化で低迷が続いていた。

● 参考文献

Kotler, P. Kartajaya, H. Den Huan, H（2007），"Think ASEAN! Rethinking Marketing toward ASEAN Community 2015", Mc Graw-Hill Education（Asia）.
Sternquist, B（2007）"International Retailing, 2/E", Fairchild Books.
荒川祐吉（1993）『経済発展と流通機構』千倉書房。
石原武政・小西一彦編（2015）『流通論パラダイム風呂勉の世界』碩学舎。
桂木麻耶（2015）『ASEAN企業地図』翔泳社。
鈴木典比古（1989）『国際マーケティング―理論・構造・戦略への挑戦―』同文舘出版。
田村政紀訳（1977）『バックリン流通経路構造論』千倉書房。
渡辺達郎, 久保和一, 原頼利編者（2011）『流通チャネル論―新制度派アプローチによる新展開』有斐閣。
『日本経済新聞』2017年2月13日「キリン，ブラジル事業の売却発表。ハイネケンに770億円で」。
NNA ASIA　「【フィリピン】サンミゲルが巨額投資，キリンと飲料生産も」, http://news.nna.jp.edgesuite.net/free/news/20150108php004A.html, 2016年5月5日アクセス。
キリンホールディングス, http://www.kirinholdings.co.jp/, 2017年3月3日アクセス。
サンミゲルビール代野副社長へのインタビュー（2013年10月実施）。
「第21回ビジネス烈伝／代野照幸さん」『フィリピンプライマー』, http://primer.ph/column/genre/business/post_107/, 2016年5月5日アクセス。

第6章
韓国・CJオーショッピングの海外進出戦略

1 はじめに

　日々の生活の中で，必要なものを購入する方法は様々である。商品の販売形態としては，スーパーや量販店などの店舗もあれば，電話やファックス，郵便，インターネット，自動販売機，訪問販売，移動販売などもある。後者のように実際の店舗を開設せずに商品を消費者に販売することを無店舗販売という。

　本章では，この無店舗販売の中でも韓国のホームショッピング企業に注目する。ホームショッピングは通信販売の1領域であり，1995年のケーブルTV開局とともに成長してきた。ホームショッピング事業は，衛星放送やケーブルTVなどで商品情報を提供し，電話やファックス，インターネット，モバイルなどの通信手段を通して注文を受け付け，消費者が指定した場所へ商品を届ける流通形態である。[1] 最近は，TVやインターネット，モバイルなどからも商品情報を発信し，その市場規模を拡大させている。とりわけ，近年の国内競争の激化や内需の低下を克服するために海外進出が相次いでいることは注目に値する。

　本章では，韓国のホームショッピング業界の大手である株式会社CJオーショッピングの海外進出事例を中心に，同社のグローバル・マーケティング戦略およびその成功要因について分析する。とりわけ，2013年に設立した同社のフィリピン法人（ACJ O Shopping Corporation）の事例から，海外進出の初期段階におけるグローバル・マーケティング戦略の特徴に注目する。

2 韓国におけるホームショッピング業界の概要

(1) ホームショッピングの概念および特性

　通信販売はメディア別にTVホームショッピング，インターネットショッピングモール，カタログ販売などに分けることができる。その中で，TVホームショッピングは，ホームショッピング事業の中で中核をなす分野であり，各々のホームショッピング企業は自社の専門チャンネルをもち，その他のチャネルへ拡大を図っている。

　TVホームショッピングは放送と流通をリンクさせることで，商品紹介と販売を同期化し，流通経路の短縮を図っている。TVホームショッピング企業は少数の商品に対して詳細な商品紹介を行い，視聴者は家に居ながら電話やインターネットなどを用いて買い物ができる。さらに，既存の流通経路と比べてシンプルな流通経路の実現により，迅速な注文，決済，配送，返品も可能である。

　TVホームショッピングでは，メーカーや企画会社などが商品販売目的のオリジナル番組を企画・制作し，通信販売専門チャンネルで放送する方法と，主要テレビ局の番組において商品広告を入れるインフォマーシャル（infomercial）という方法を通して商品を紹介し注文を取り付ける方法がある[2]。オリジナル番組の場合，放送時間が通常30〜60分であり，スタジオでの商品紹介，実際の使用シーンの紹介，使用者の感想など，一般的なテレビ広告と比べて時間とコストを掛けている。さらに，その中で取り扱われる商品は単品で販売されるよりは，同一商品や関連商品を組み合わせたセット販売が多くなっている。例えば，厨房用品や美容・理容製品，ファッション・アンダーウェア製品においては，セット販売で低廉な価格を実現しながら，1注文当たりの販売単価を高める狙いがある。視聴者は電話やインターネットなどで注文でき，指定された住所へ配送される。最近は，詳細な商品紹介のみならず，人気司会者や芸能人によるエンターテインメント性の高いオリジナル番組の制作も増えており，他の流通業態と比べて差別的な競争優位性をもっている。

図表6-1　TVホームショッピングの流通構造

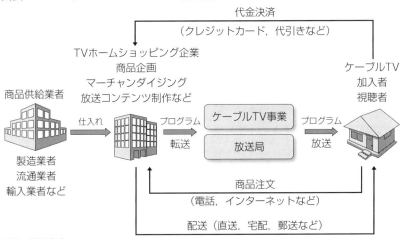

出所：筆者作成。

(2) 韓国ホームショッピング業界の発展

　1995年，韓国ホームショッピング企業はケーブルTVの加入者を対象にした制限された市場でTV通販という流通業態として事業をスタートさせた。韓国国内のTVホームショッピング市場は，1995年にGSホームショッピング（旧・韓国ホームショッピング，2005年LGグループから独立）とCJオーショッピング（旧・ショッピングKOREA）の2社から始まり，毎年ケーブルTVの加入者が100万以上増加したことからTVホームショッピングの売上も年平均50％以上増加した（韓国貿易協会，2011）。2001年には大企業による寡占解消のために現代ホームショッピング，ロッテホームショッピング（旧・ウリホームショッピング），農水産ホームショッピングの3社が新たに事業者承認をもらったことで競争が激化したが，毎年10％以上の成長を見せている。そして，2011年には中小企業の販路拡大に特化したホーム＆ショッピングが，2015年には中小企業製品および農畜水産物に特化した公営ホームショッピング（ショップ名：アイムショッピング）が新規参入し，これら7社が事業を展開している（図表6-2参照）。

図表6-2　韓国ホームショッピング業界の概要（2016年現在）

区分	内容	
承認事業者（7社）	CJ O SHOPPING	CJオーショッピング（1995年～）
	GS SHOP	GSホームショッピング（1995年～）
	현대 홈 쇼핑 HYUNDAI HOME SHOPPING	現代ホームショッピング（2001年～）
	LOTTE Homeshopping	ロッテホームショッピング（2001年～）
	NS 홈쇼핑	農水産ホームショッピング（2001年～）
	HOME & SHOPPING	ホーム＆ショッピング（2011年～）
	공영홈쇼핑 Shopping	公営ホームショッピング（2015年～）
媒体別区分	TVホームショッピング，インターネットショッピングモール，カタログ販売など	
主な商品	家電，厨房用品，美容・理容製品，健康・レジャー用品，アパレル製品，インテリア製品，貴金属，日用生活品，食品，保険，旅行など	

出所：筆者作成。

　韓国におけるTVホームショッピング事業は，当初の予想を大きく上回る成長を達成した。このような成長の背景として，中小企業のみならず大企業も参加していることが挙げられる。中小企業が中心となっている米国や日本と異なり，韓国ではCJ，GS，現代，ロッテなど，大企業主導で事業が展開されている。大企業によって形成されたブランド力や洗練されたマーケティング手法はTVホームショッピング事業にも受け継がれ，韓国のTVホームショッピング市場の成長につながったといっても過言ではない。

　現在，CJ，GS，現代，ロッテ，農水産などのホームショッピング企業は，韓国放送委員会から承認された専門チャンネルをもっており，24時間ライブ放送を行っている。主な取扱商品としては，家電，厨房用品，美容・理容製品，健康・レジャー用品，アパレル製品，インテリア製品，貴金属，日用生活品，食品，保険，旅行などであり，サービス財を含む多様なカテゴリー

をもっている。

韓国国内ケーブルTVの加入率の上昇とともに順調に規模を拡大してきたTVホームショッピング市場は，2003年以降，ケーブルTV加入者数が飽和状態となったことで，TVホームショッピング市場も成熟期に入ったといわれる。さらに，2001年には現代ホームショッピング，ロッテホームショッピング，農水産ホームショッピングの3社が新たに参入することで競争が激化し収益性が低下した。このような市場／競争変化に加えて，新たなメディアとしてインターネットやモバイル技術を駆使したインターネットショッピングモールなどの台頭に対応するために，TVホームショッピング企業各社は，既存の競争優位を活かしつつ，安定的なチャネル確保のためにインターネットやモバイルショッピング事業の拡大に力を注いでいる。

(3) 韓国ホームショッピング企業の海外市場進出

現在，ホームショッピング企業各社は，TVホームショッピング事業が成熟期に入ったことによる成長の限界とインターネットやモバイルを中心とした電子商取引の拡大に対応するための既存市場の補完のみならず，新市場創出のため海外市場へ積極的に進出している。韓国ホームショッピング業界は，国内市場が成熟期に入り競争が激化したことで，各社の競争力は強化され，同業界においては世界第2位の市場として成長した。

ロッテホームショッピングは，ロッテグループ系列社であるロッテマート（中国，ベトナム，インドネシアに進出），ロッテデパート（ロシア，中国に進出）と連携し，海外進出の道を模索している。2004年には台湾に業界初のTVホームショッピングの合弁法人「モモホームショッピング」を設立し，台湾全国を対象に事業を展開した。その後，同社は中国とベトナムに進出し，3か国5地域に拠点をもっている。

CJオーショッピングの場合，2004年に中国のメディアグループ「SMG」との合弁法人である「東方CJホームショッピング」を設立した。東方CJは中国市場シェア1位を維持しながら当該市場を先導している。CJオーショッピングは，中国（3拠点），インド，ベトナム，日本，タイ，フィリピン，メキシコ，マレーシアなど，9か国11地域に進出している。GSホームショッ

ピングの場合，2009年のインド進出を皮切りに，タイ，ベトナム，中国，インドネシア，トルコ，マレーシア，ロシアなどの8か国に海外拠点を設立し，ホームショッピング事業を展開している。現代ホームショッピングは2011年に中国に進出し，2016年にはベトナムとタイなどの東南アジア地域に積極的に進出している。今後，マレーシア，インドネシアなどの近隣地域への進出が検討されている。

　現在，韓国ホームショッピング企業各社の海外進出は，現地有力企業との合弁法人を設立する方法と，100％子会社としての新規設立の方法が取られている。そして，自社・合弁先の認知度および韓国市場で培ったノウハウを基盤に，TVホームショッピング，インターネットショッピングモール，モバイルコマースなどの多様なチャネルを活用して事業領域を拡張させている。

3 CJオーショッピングのグローバル戦略

(1) CJオーショッピングの概要

　1995年，韓国初のTVホームショッピング放送を開始したCJオーショッピングは，TV，カタログ，インターネット，モバイル，メディアコマースなど，様々なプラットフォームを導入して韓国における新たなショッピング文化創造の先頭に立ってきた（CJインタビューによる）。また，2004年の中国進出を皮切りに，2016年現在，9か国11地域に進出している（図表6-3参照）。

　CJオーショッピングでは，TVホームショッピング放送2週間前から番組表を公開し，ホームページから放送前の製品を事前に注文できるシステムを導入している。また，ライブ放送の際には，視聴者参加型の双方向コミュニケーションを強化している。ライブ放送中には視聴者からのSNS投稿に対して即座に担当プロデューサーが返信を入力し，それらのやり取りはテロップで紹介される。また視聴者からの電話に対して，番組のゲストが答える場面も放送している。これらの取組は，2009年から開始したショッピングとエンターテイメントを結合したものとして「ショッパーテインメント放送」と呼んでいる。全体的な進行はゲストとのトーク形式を取り入れ，商品情報とともに

図表6-3　CJオーショッピングの沿革（2016年現在）

年	主な内容
1994	（株）ホームショッピングテレビ法人設立
1995	TVホームショッピング放送開始
1997	カタログ事業開始
2001	インターネットショッピングモール「CJmall」開始
2004	中国「東方CJ」設立
2008	中国「天天CJ」設立
2009	インド「スターCJ」設立
2009	（株）CJオーショッピングに社名変更
2010	スマートフォン用のアプリケーション発表
2011	日本「プライムショッピング」買収，「CJプライムショッピング」設立
2011	ソーシャルコマース「O'clock」開始
2011	ベトナム「SCJ」，中国「南方CJ」設立
2012	タイ「GMM CJ」，トルコ「MCJ」設立
2012	ホームショッピング業界初の売上高1兆ウォン突破
2013	フィリピン「ACJ」設立
2015	メキシコ「CJ Grand」設立
2016	マレーシア「MPCJ」設立

出所：CJオーショッピング提供資料。

歌や演奏を含むなど，エンターテインメント番組のような楽しさを提供する（図表6-4参照）。とりわけ，ライブ放送ではターゲットを明確にし，継続的な改善が行われている。その結果，韓国生産性本部・国家顧客満足度（NCSI），ナショナルブランド競争力指数（NBCI），韓国産業ブランドパワー（K-BPI）など，様々な消費者満足度評価でTVホームショッピング部門およびインターネットショッピングモール部門で1位に選ばれた。

　モバイル分野での取組としては，インターネットショッピングモール「CJmall」，そしてSNS機能を強化したソーシャルコマース「O'clock」というモバイルアプリケーションを導入している（図表6-5参照）。これはスマー

図表6-4　ショッパーテインメント放送の例

注：コンサートチケット販売の様子である。
出所：CJオーショッピング公開資料。

図表6-5　CJオーショッピングのモバイルアプリケーション

出所：CJオーショッピング提供資料。

トフォンで見た製品をその場で注文・決済できるようにし，より便利なショッピングが体験できる。その他，若年層向けのオフライン店舗の新設，カタログ発行など，オフラインとオンラインの融合にも力を注いでおり，既存の領域を活用しつつ新たなチャネルを模索するなど，消費者との接点を増やす努力をしている。

(2) CJオーショッピングのグローバル戦略

　CJオーショッピングのグローバル事業は，ショッパーテイメント放送と呼ばれる韓国型ホームショッピング放送を用いて韓国製品を海外に紹介する「ホームショッピング韓流」を掲げている[3]。また，韓国国内で成功したヒット商品を海外市場に導入し，現地の優秀商品を韓国国内はもちろん他

の海外拠点にも供給するための専門子会社であるCJ IMC（International Merchandising Company）を設立している。

　CJ IMCは韓国市場での20数年間に及ぶホームショッピングやインターネットショッピングモール事業における商品企画，ソーシング，販売・マーケティング，メディア活用の実績を基盤に，現地法人に対して商品開発・供給・輸出に特化した会社である。CJ IMCでは，本国本社と海外拠点，そして海外拠点間のグローバルなネットワークを基盤に，ホームショッピング事業全般に関わる商品企画を行う。主な仕事は，本国本社および現地法人の商品力向上に寄与できる商品・放送・サービスに関わるソリューションを提案すること，そして各チャネルの相乗効果を考慮したグローバル規模での商品供給を実現することで規模の経済および付加価値を実現することである。

　主な商品としては，CJオーショッピングが企画・製造した美容・理容製品「SEP」，「ルペル（REPÈRE）」，アンダーウェア「フィデリア（FIDELIA）」などがある。そして，韓国中小企業の製品としては，両面フライパン「ハッピーコール」，洗濯物干し「ホームパワー」，化粧品（振動ファウンデーション）「IPKN」などがある（図表6-6参照）。これらの製品は，韓国内外において市場需要が検証された製品としてグローバルに導入されている。

　以上のように，CJオーショッピングは本国本社と海外拠点，そして海外拠点間を結ぶグローバル・ネットワークを活用し規模の経済を実現している。とりわけ，本国市場で培った放送コンテンツ制作やマーケティング戦略を海外に移転するとともに，海外拠点から得られた知識をグローバルに共有するなど，グローバルな連携を行っている。

　とりわけ，韓流という文化の輸出を目指し，自社のプライベートブランド（PB）はもちろん，韓国中小企業の製品を多く取り入れている[4]。CJオーショッピングと取引関係を結ぶことで，中小企業は独自に海外進出する際のリスクを軽減させることができる。なお，優良な中小企業との緊密な協力関係を構築し維持し成長させていくことは，CJオーショッピングの成長戦略の一部でもある。例えば，CJオーショッピングの中小企業製品の販売実績は1940億ウォンであり，前年比30％増加した（2014年現在）。

　いち早く海外進出に積極的に乗り出したCJオーショッピングであるが，

図表6-6　CJ IMCの主な製品

カテゴリー	製品名	イメージ	備考
美容・理容製品	SEP		シートマスク・パック ※CJオーショッピングPB
	ルペル （REPÈRE）		基礎化粧品 ※CJオーショッピングPB
	IPKN		振動ファウンデーション
アパレル製品	フィデリア （FIDELIA）		アンダーウェア ※CJオーショッピングPB
厨房用品	ハッピーコール		両面フライパン
日用生活品	ホームパワー		洗濯物干し

出所：CJオーショッピングHPから抜粋。

競合他社の海外進出の拡大などで競争が激しくなっている。さらに，進出先によっては想定外の不振に見舞われているところも存在する。同社は本国本社並びに各海外拠点の収益性を確保し成長基盤を構築するために，グローバル事業の見直しはもちろん，新規市場への持続的な拡大を図っている。核心市場としての中国や成長市場であるインドを中心とした主要海外拠点では，事業基盤となる放送や物流センターなどのインフラ構築に継続的に投資し今後の成長を見込んでいる。5) 新規参入の場合，先進国市場ではM&Aを通した海外進出に取り組み，新興経済国ではより速い進出を実現するためにアウトソーシングを中心としたスリムな組織・運営を進めている。その際に，事業開発のルールの徹底および人材育成・活用が重要視される。同社では，海外進出の可能性を探るために徹底的な市場調査を行っている。市場調査や合弁

先の選定から事業可能性が分析され，事業開始後は安定化するまで既存進出先の成功例が試される。進出先での事業が安定化してから進出初期事業モデルの改善や補完が行われる。現在，同社の海外進出の基盤となっているのはTVホームショッピング事業であるが，海外拠点においてもインターネットやモバイル，メディアコマースを活用しチャネルを拡大させている。

4 CJオーショッピングのフィリピン市場戦略

　フィリピンの人口は約1億98万人（首都圏人口，約1288万人）で，1人当たりGDPは2858ドルであり，毎年6〜7％の比較的高い経済成長を果たしている（2015年現在）。首都圏の1人当たりGDPは全国平均の約4倍と高く，メトロマニラを中心に経済力が集中している特徴をもつ。フィリピンは7100余の島々からなる東南アジアの群島国家である。フィリピンの国土面積は日本の約80％にあたる約30万平方メートルで，メトロマニラを含むルソン地方，ビサヤ地方（中心都市，セブ），ミンダナオ地方（中心都市，ダバオ）という3つの地域に分けられる。フィリピンの民族は主にマレー系であり，その他に中国系，スペイン系，これらの混血と少数民族が存在する。国語はフィリピン語であり，公用語として英語が使われている。その他，セブ島のセブアノ語をはじめ，約80の方言が使われている。フィリピンのGDPの7割強は民間消費によるものであり，この内需を支える大きな要因となっているフィリピン人海外労働者（Overseas Filipino Workes，OFW）からの送金である。2015年，OFWからの送金額は約257億ドルであり（前年比4.6％増），GDPの9.8％を占めている。英語を公用語とし比較的高い教育を受けた若年労働力が豊富なフィリピンでは，英語圏向けのコールセンターやビジネス・プロセス・アウトソーシング（BPO）産業が大きく成長している。[6] GDPの産業別構成比を見ると，サービス業が57％と最大ウェイトを占めており，第3次産業を軸とした成長がフィリピン経済の特徴といえる。

（1）フィリピン市場進出フォーマット

　フィリピン流通の近代化比率は57.2％であり，小売事業者の約90％が零細

事業者である。通称サリサリストアと呼ばれる個人商店が国民の主要な物品購入チャネルとなっている。ホームショッピング業界では，インフォマーシャルを中心としているShopTV, ezShopの2社，そして小規模なインフォマーシャル企業3社が存在するが，典型的なアメリカ型のインフォマーシャル放送を用いており，高価格帯の商品が多い。

2013年，CJオーショッピングはフィリピン最大の民営放送局であるABS-CBNとの合弁法人としてACJを設立し，メトロマニラを含む主要5大都市180万世帯を対象にケーブルTVの専門チャンネルから24時間放送を，そして全国地上波チャンネル「スタジオ23」を通して1日2時間の放送を実施している。その他，インターネットショッピングモールとしては，「オーショッピング」を開始している[7]。2013年，フィリピンのホームショッピング市場規模は約500万ドルであり，年間約3％の成長を見せている。

フィリピン進出検討の際に，競争環境はもちろん，既存のインフラ環境が重要な要因となった。フィリピンはBPO産業が発展しており，ACJもコールセンター機能をアウトソーシングしている。なお，メトロマニラ周辺の物流インフラも良好であり，グローバルな物流企業であるUSP, DHL, FedExなどが地方の物流企業と提携していることも重要なポイントとなった。ACJはこれらのインフラ構築への投資を抑えた進出モデルを採用しており，既存の進出モデルとは異なる特徴をもつ。

既存の海外進出モデルは，現地でのコンテンツ制作およびライブ放送が中心となっており，そのための放送インフラの構築が行われてきた。そして，導入商品については，韓国および現地企業への委託製品が中心であった。注文処理・配送・顧客サービスなどの物流センター業務については，インフラ構築のための投資が行われてきた。それは，情報システム構築に関しても同様であった。

他方，フィリピン進出においては，スリムな組織・運営のシステムを目指している。商品紹介のコンテンツは，本国本社が制作し，現地で編集し放送する方法をとっている。なお，コンテンツ制作および編集は合弁先の施設を活用することで放送インフラの構築は行わない。導入商品は，本国本社の商品供給専門の子会社であるCJ IMCからの直接仕入れが中心となっており，

その他は韓国企業のフィリピン現地法人を通して一部委託している。物流センター業務については，アウトソーシングすることで初期投資を最小限にしている。情報システムについては，最小限の管理システムのみ開発し，その他の業務についてはアウトソーシングしている。

(2) マーケティング・プログラムの特徴

TVホームショッピングのターゲットは自宅でTVを視聴しながら気になった商品を注文できる家庭主婦である。フィリピン市場進出においてもTVという媒体の特性を活かし，首都メトロマニラに住む高所得層の家庭主婦を主要ターゲットとしている[8]。現在，ターゲットが集中している首都圏を含む主要5大都市を中心に事業展開しているが，段階的に全国に拡大する計画である[9]。以下では，ACJのマーケティング・プログラム（製品，価格，チャネル，プロモーション）について概観する。

まず，製品についての基本方針は，進出先の流行などの市場動向に合わせるのではなく，自社保有製品の競争力を分析し，本国や他地域で検証済みの製品を戦略的に投入している。例えば，CJオーショッピングのPBと東南アジアで市場需要が検証された製品をCJ IMCが直接仕入れて輸入販売する。フィリピン国内に現地法人をもっている韓国企業に対しては，現地販売法人を通して委託販売も行っている。主な製品カテゴリーは，厨房用品，美容・理容用品，日用生活品が中心となっており，今後は健康食品，化粧品などに拡大する予定である。

価格については，韓国国内での販売価格で価格設定をしている。なお，決済方法としては，代引き（COD, cash on delivery），クレジットカード，デビットカード，オンラインバンキングなどが採用されているが，ほとんどの決済は代引きによるものである。その際代引き手数料や送料は利用者負担となっている。

ホームショッピング業態は，放送コンテンツやインターネットショッピングモールのコンテンツがプロモーションの機能を兼ねていることから，チャネルとプロモーションを一緒に紹介する。現在，ACJはケーブルTVの専門チャンネルと全国地上波のチャンネル，そしてインターネットショッピング

図表6-7 ACJのマーケティング・プログラム

区分	内容
製品	■ PBおよび市場需要が検証された製品のみ導入 ■ 韓国企業の現地法人から一部委託販売
価格	■ 韓国国内での販売価格で設定 ■ 代引き手数料や送料は利用者負担
チャネル／ プロモーション	■ 専門チャンネルと地上波チャンネル ■ インターネットショッピングモール ■ その他，コールセンター，倉庫，配送などはアウトソーシング

出所：筆者作成。

モールから製品情報を開示している。その他，コールセンターや倉庫，配送については，現地の業者にアウトソーシングしている。製品の配送は現地の宅配業者にアウトソーシングしており，首都圏は1〜2日，その他の地域は3〜5日以内での配送を可能にしている。

(3) マーケティング・プロセスの特徴

ここでは，同社のグローバル・マーケティング戦略における計画，実行，評価のプロセスについて検討する。それはグローバル・マーケティング戦略における立案および承認に関わる意思決定のプロセスである。

CJオーショッピングのグローバル事業は，本社主導の計画を現地法人が忠実に実行し，それを本社が評価する。このような主要プロセスおよび事業モデルはマニュアル化され，グローバルに共有されている。その際に本国本社と海外拠点，海外拠点間における円滑なコミュニケーションを可能にするのが，海外駐在員の存在である。海外拠点の運営スタッフは少数の海外駐在員（本社所属）と多数の現地スタッフ（現地採用）によって構成されている。同社は2004年から海外進出に取り組んでおり，海外駐在員の育成および活用によって積極的な海外進出を可能にしている。海外駐在員経験者を育成・活用することで，海外進出段階別の人材管理を行っている。例えば，海外進出初期段階の経験者と安定化以降の経験者を各海外拠点に戦略的に投入する。そして，本国本社および海外拠点間の出張を通して海外駐在員のノウハウ共

有を図る。その際にベンチマークの対象となるのが本国本社および各海外拠点の成功例である。そして，統制のプロセスは本国本社の中長期戦略や目標基準が用いられ，絶え間ない改善と補完が要求される。

記述した既存の事業モデルおよびACJ事業モデルは，両方とも本社主導のマーケティング・プロセスである。既存の事業モデルに比べて，ACJは物流や情報インフラなどをアウトソーシングしており身軽な海外進出を可能にするものである。本国本社は進出先の環境に最適と思われるマーケティングに関わる意思決定の仕組みを提示しており，類似した国・地域へと拡大することで「グローバルNo.1ホームショッピング企業」を目指している。[10]

5 まとめ

本章で紹介したCJオーショッピングの海外進出事例のケースを通じて，グローバル・マーケティングの標準化と適合化の考え方を理解することができる。標準化と適合化に関する議論は国際マーケティングおよびグローバル・マーケティング研究において中心的な研究領域である。「標準化」とは自国とほぼ同一のマーケティング活動を行う「画一化」のことである。一方，「適合化」とは現地の環境にマーケティング活動を合わせる「現地適合化」のことである。この標準化と適合化に関する論争は，1960年代のヨーロッパにおける広告標準化から始まり現在に至っている。1980年代に入ると，T. Levitt（1983）の"The Globalization of Markets"という論文が発端となり標準化論争が起こった。彼は世界の諸市場ニーズが画一化しているため，画一的な世界標準化マーケティングが必然であると主張した。この主張に対してP. Kotler（1986）やDouglas and Wind（1987）は，各国市場の異質性は歴然とあると反論した。大石（1996；1997）では，世界標準化と現地適合化の同時達成する「複合化（Duplication）」という概念を提示している。

これらの分析対象は，マーケティング・プロセスとマーケティング・プログラムにも分けられる。マーケティング・プロセスとはマーケティングの立案や承認の過程を意味しており，マーケティング・プログラムとはマーケティング・ミックスすなわち4Ps（製品政策，価格政策，チャネル政策，プロモー

ション政策）を意味している（大石 1993；1996；1997）。

マーケティング・プロセスは，マーケティング計画→実行→評価という主要なプロセスと，それに沿ったコミュニケーションと統制で構成される。CJオーショッピングの事例では，親会社による計画→現地法人による実行→親会社による評価が行われており，そのマーケティング活動のプロセスは親会社が作成した枠組みが採用されている。さらに，本国本社と海外法人，そして海外法人間のコミュニケーションについても，親会社主導の会議や出張で行われており，その統制をも本国本社が行う。つまり，マーケティング・プロセスにおいては，親会社の関与が強い。

ここで注意すべき点としては，複数のグローバルな事業モデルが存在していることである。それはグローバルな中長期戦略の方針は共通しているが，海外拠点の位置付けや環境に合わせた事業モデルであり，既存の事業モデルと新規事業モデルに分けることができる。つまり，前者は「既存事業モデルの標準化」であり，後者は「新規事業モデルの標準化」であるといえる。これら両方は本国本社主導で行われており，同社のマーケティング・プロセスは標準化されているといえる。とりわけ，海外駐在員を育成・活用することで，円滑なコミュニケーションおよび柔軟な統制を可能にし，効率的なグローバル事業展開を実現している。

マーケティング・プログラムにおいては，グローバルな規模での効率性とそれぞれの市場における顧客満足の総和を極大化するために，ターゲットを明確にし，それに合わせた政策が採用されている。ACJの場合，フィリピンの主要な都市に住んでいる高所得層の家庭主婦が主なターゲットとなっている。製品政策においては，本国や近隣地域で検証されたアイテムのみ投入され，リスクの少ない品ぞろえを実現している。それらは本国本社のPBや韓国中小企業の製品であり，進出初期であるため委託販売はフィリピンに進出している韓国企業の製品に限定している。フィリピン市場に投入した製品は，東南アジアで成功を収めているアイテムで構成されており，地域標準化されものであるといえる。

価格政策においては，フィリピン市場での競合企業の分析やターゲットに合わせて韓国国内での販売価格を導入している。他の進出先の例では，国内

価格以下での販売や国内価格以上での販売が存在する中,今後のグローバル展開を見込んだテスト・マーケティングのように思われる。なお,代引き手数料や送料を利用者に負担させている点も同様の見方ができよう。ACJの価格政策については,競合企業や市場分析を基盤に適合化が採用されている。

チャネルおよびプロモーション政策においては,ケーブルTVの専門チャンネル,全国地上波チャンネル,そしてインターネットショッピングモールが中心となっており,マルチチャネルを活用している。例えば,CJ IMCから仕入れた製品の不良在庫やTVホームショッピングでカバーできない若年層市場向けの製品はインターネットショッピングモールで取り扱われている。このようなチャネル構成は新規参入では必ず検討されていることから世界標準化されたものであるといえる。その中で,放送コンテンツに関しては本国本社で制作されたものを編集して使用している。インターネットショッピングモールに関しては,合弁先であるABS-CBN社の製品も取り扱っている。放送インフラを構築せず合弁先との協力で運営しているため,プロモーション政策においては,現地適合化の性格が強いように思われる。その他,スリムな組織・運営の特徴をもつACJは,コールセンターや物流業務,情報システムについてもアウトソーシングしている。

ACJのマーケティング戦略は,合弁先とのシナジー効果を最大限に活用し,BPO業務をアウトソーシングするなど,インフラ投資を抑えた新規市場参入の事業モデルである。そして,今後のCJオーショッピングのグローバルな成長戦略の一部になると思われる。フィリピン市場の事例からCJオーショッピングのグローバル・マーケティングの成功要因を導き出すと,標準化と適合化の同時達成である複合化戦略を実践していることを挙げることができる。マーケティング・プロセスおよびマーケティング・プログラムにおいて,世界標準化や地域標準化を採用することで,グローバルなコスト削減,組織の簡素化,優れたアイディアの活用,迅速な投資回収を実現している。そして,価格政策やチャネル政策,プロモーション政策においては現地適合化を採用することで,進出先での顧客満足の向上と進出先での売上増を達成している。

これらの分析でホームショッピングという流通企業のグローバル・マーケティングは,標準化が重視されていることが分かる。そして海外進出初期段

階において標準化が重視されていることは，産業・製品特性から見て製造業のグローバル・マーケティングとは異なる方向性を見せている。その1つの理由として，流通企業の場合，海外進出に際して製品などを適合化させることが難しいことと，ホームショッピング企業の仕入れ先の多くが中小企業であることが影響する。とりわけ，CJオーショッピングはさらなる成長を模索し海外進出を加速化させており，グローバルでの事業効率化を図っていることから世界標準化や地域標準化を積極的に進めている。

今後，フィリピン市場のホームショッピング市場規模が拡大し，韓国製品の認知度が向上すると低所得層市場向けの製品開発が必要となる。ホームショッピング企業のグローバル事業の成功には韓国中小企業の製品が貢献している。TVホームショッピング部門では，放送媒体の特性から商品情報提供と販売が同時に行われ，ブランド力の弱い中小企業には低リスクで海外進出できる機会となる。とりわけ，東南アジア市場は，経済発展に伴う市場規模の拡大，ホームショッピング企業の積極的な海外進出，韓流プレミアムの影響，放送および物流インフラの発展などを基盤に，中小企業の新たな輸出先として期待されている。現在，ACJでは現地適合化を進めており，フィリピンでの放送コンテンツの制作も増やしている。製品構成の適合化やそのための仕入れ先との関係性管理などについては今後の課題にしたい。

〈注〉

1) ホームショッピングという業態は，日本ではTVショッピングあるいはTV通販（通信販売）という言葉で知られている。日本国内では，ジュピターショップチャンネル株式会社，株式会社QVCジャパン，株式会社ジャパネットたかたの3社が有名である。
2) インフォマーシャルとは，事前に制作された商品販売映像を広告形式として放送する方法である。一般的なTV広告と比べ，詳細な情報を伝達し視聴者の間接経験を誘導し購買につなげる直接反応広告（direct response advertising）であり，大量の字幕やイメージをスピーディーに展開するのが特徴である。
3) 韓流とは，2000年代以降の韓国大衆文化が東アジアを中心に流行したことであり，韓国のドラマ，映画，音楽，アイドル，言葉，料理などが注目を集めた。その後，韓流ブームはアメリカ，ヨーロッパ，中東，南米に広がりを見せている。韓国ホームショッピング各社は海外進出において，韓流の拡大に合わせ，その中で紹介されたファッションや化粧品，食品，日用生活品を中心に，製品の紹介やイメージキャラクターに韓流スターを起用するなど，ビジネスチャンスとして活用している。

4) CJオーショッピングのPB「ONLYONE BRAND」には自社開発製品および有名デザイナーやメーカーとの合同企画製品が含まれている。主な製品カテゴリーは，ファッション・アンダーウェア，美容・理容製品，食品，厨房用品などであり，約60のPBをもつ。
5) 中国市場の場合，ホームショッピング市場は急成長を遂げているが，中国製品との競争や地域別対応の必要などが課題となっている。インド市場の場合，人口12億市場の潜在性が期待されているが，サムスンやLGなどの一部の韓国企業を除いて韓国製品への認知度が低いことと韓流プレミアムが存在しないことが課題として挙げられる。
6) フィリピンでは2000年頃からDELLなどの欧米系IT企業が相次いでコールセンターを設立し多くの雇用を生み出している。
7) フィリピンのオンライン流通市場は年間約8％の成長を見せており，ACJはインターネットショッピングモール「オーショッピング」を2013年に開始した。URLは，http://www.oshopping.com.ph/。フィリピンのインターネット普及率は39.8％であり，携帯電話普及率は113.8％と高く，スマートフォンの普及率は38.7％であった。さらに，スマートフォンにおいては他の東南アジア諸国と比べ普及が早く，モバイルコマースの普及が期待されている。
8) TVホームショッピングは放送時間帯別のターゲット選定が重視されており，午前・午後の時間帯は主婦層，夜の時間帯は男性，そして深夜の時間帯は若年層の比重が高い。
9) 例えば，全国地上波「スタジオ23」では1日2時間（深夜1時，早朝5時）の放送を行っており，既存コンテンツを活用することで追加費用を最小化している。
10) CJオーショッピングの主な進出先である中国，インド，東南アジア，中東，南米市場では，TVホームショッピングを主軸にして事業を展開している。とりわけ，進出先の多くが成長初期段階であるため市場規模の拡大が予想される。

● 参考文献

大石芳裕（1993）「グローバル・マーケティングの具体的方策」佐賀大学『経済論集』第26巻第3号，1-27ページ。

大石芳裕（1996）「国際マーケティング複合化戦略」，角松正雄・大石芳裕『国際マーケティング体系』ミネルヴァ書房。

大石芳裕（1997）「国際マーケティング複合化の実態」明治大学『経営論集』第44巻第3・4号併号，157-198ページ。

韓国貿易協会（2011）「TV 홈쇼핑을 통한 아시아 소비시장 진출전략」『Trade Focus』Vol.10, No.56。

Douglas, S. P. and Wind, Y. (1987) "The Myth of Globalization," *Columbia Journal of World Business*, 22(4), pp.19-29.

Kotler, P. (1986) "Global Standardization – Courting Danger," *The Journal of Consumer Marketing*, 3(2), pp.13-15.

Levitt, T. (1983) "The Globalization of Markets," *Harvard Business Review*, Vol.61, pp.95-102.

●参考資料

CJオーショッピングホームページ，http://www.cjoshopping.com/，2016年10月28日アクセス。
CJオーショッピング提供資料。

第7章
インドネシア二輪車市場におけるホンダの戦略

1 はじめに

　インドネシア国民にとって，二輪車は重要な交通手段である。その背景には，インドネシアの交通事情がある。電車やバスといった公共交通機関は未発達であり，しかもそれらは安全性や衛生面において問題がある。また，ジャカルタなどの都心部で働く人々の多くは郊外に住み，都心部への通勤・通学における慢性的な渋滞に悩まされている。特に，朝晩のラッシュアワー時は，日本では想像できないような渋滞である。さらに，郊外に行くと未舗装で幅の狭い道路が多く，自動車だと不便な地域が多々ある。こうした交通事情のために，自動車よりも小回りが利き，しかも低価格な二輪車がインドネシア国民に好まれている（中川，2011）。

　インドネシアの二輪車市場の特徴は，①大きな市場と急速な成長，②先進国並みに成熟した二輪車文化，である。図表7-1は，インドネシアにおける二輪車の出荷台数を示したものである。2015年，インドネシアの二輪車の出荷台数は約646万台であり，インド，中国に続く世界第3位の市場規模である（後述の図表7-3参照）。一方，2015年，日本の二輪車の総需要数は約40万台である[1]。もちろん，日本とインドネシアでは人口が違うが，それでもインドネシアが日本の16倍以上の市場規模であることを考えると，いかにインドネシアの二輪車市場が巨大であるかが分かるであろう。また，出荷台数の変化を見ると，前年を下回る年もあるが，基本的には増大傾向にある。特に，2000-2005年，2009-2011年までの間は，出荷台数が大幅に増大している。こうしたことから，インドネシアの二輪車市場は，2000年代に急成

図表7-1　インドネシアの二輪車市場（出荷台数）

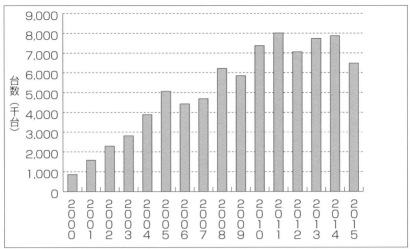

出所：Astra Honda Motor内部資料。

長していたことが分かる。

　インドネシアのもう1つの特徴として，成熟した二輪車文化がある[2]。インドネシアには熱狂的なモータースポーツファンが多く，モータースポーツが先進国並みに文化として定着している。世界最高のモータースポーツ・イベントであるMoto GPは地上波キー局で中継される。また，FacebookにおけるMoto GPサイトのフォロワー数は，欧米諸国を抑えてインドネシアが世界第1位である。

　インドネシアの消費者は，モータースポーツを「観る」だけでなく，モータースポーツを「する」ことにも高い関心を抱いている[3]。オフロード，オンロードを問わず，参加型イベントが毎週，全国のどこかで行われ多くの人々が参加している。また，どの二輪車タイプにおいてもカスタマイズの人気が非常に高い。カスタマイズパーツの販売専門店が軒を連ねる通りには，多くのユーザーが訪れる（図表7-2）。インドネシアでは週刊バイク専門誌が複数発刊されている。消費者は，こうした雑誌やSNSを通じてグローバルな最新トレンドをフォローし，自身のカスタマイズパーツの参考にしている。さらに，近年は，二輪車とファッションとの連携も盛んであり，モータースポーツへ

図表7-2　ジャカルタ市内のカスタマイズパーツ販売店

出所：筆者撮影。

の関心の高さのみならずそのテイストも先進国並みに洗練されている。

　インドネシアの二輪車市場において，本田技研工業（以下，ホンダ）は圧倒的な市場シェアをもっている。インドネシアはホンダ，ヤマハ，スズキ，カワサキの日本企業4社の寡占状態であるが，その中でホンダは69％の市場シェアを持っている[4]（2015年出荷台数ベース）。なぜ，ホンダはインドネシアで圧倒的な市場シェアを持っているのか。グローバル・マーケティングの観点から結論を先に述べると，それはブランド管理の成功である。ホンダは，ホンダらしさを訴求すると同時に，急激な市場変化に対処すべく新たな付加価値も提案している。それらを支えているのは，①市場ニーズを踏まえた製品・プロモーション戦略，②販売ネットワーク構築とその活用，である。

　本章では，インドネシアにおけるホンダの二輪事業について検討し，新興国市場戦略における新たな課題を示す。まず，ホンダの二輪事業におけるグローバル戦略を概観する。そして，同社のインドネシアにおけるマーケティング戦略を分析し，最後にこの事例から新興国市場戦略の課題を示す。

2 ホンダ二輪事業のグローバル戦略：「コミューター」と「ファン」としての二輪車

　図表7-3は二輪車の各国の推定総需要を示したものである。2015年，二輪車のグローバルな総需要は，5,263万台である。その中で日本を除くアジアの総需要は4,093万台であり，全世界の77.8％を占めている。一方，日本は40万7,000台で0.8％，北米は55万9,000台で1.1％，欧州は152万5,000台で2.9％と，その占有率は非常に小さい。このデータから，二輪車市場の中心は日米欧といった先進国ではなく，新興国が集まるアジアであると言える[5]。さらに，図表7-3から，①インド，中国，インドネシアが二輪車市場のビック3であること，②インドの総需要が顕著に伸びている一方で中国は年々縮小していること，も分かる。

図表7-3　各国における二輪車総需要　　　　　　　　　　　　　　（千台）

	2009年	2010年	2011年	2012年	2013年	2014年	2015年
日本	434	424	445	442	460	450	407
北米	585	497	490	502	520	539	559
欧州	2116	2040	1976	1744	1649	1515	1525
インドネシア	5692	7236	8001	7266	7744	7686	6465
タイ	1536	1846	2007	2129	2204	1696	1677
インド	8638	11270	13078	13806	14343	15996	16089
ベトナム	2745	3070	3562	3109	2793	2711	2849
台湾	601	526	644	628	668	666	706
中国	17420	16090	14034	12630	11627	10655	9080
その他アジア	2809	3417	4204	4537	4365	4395	4070
ブラジル	1602	1801	1938	1654	1515	1430	1208
その他	5206	5978	6974	7244	7989	7931	8000
合計	49384	54195	57353	55691	55877	55670	52635

注：ヤマハ発動機の調査による推定値。
出所：ヤマハ発動機『決算資料』各年度版。

ホンダの二輪事業も，新興国が集まるアジアが中心である。ホンダの2015年（2016年3月期）売上高は14兆6000億円，営業利益は5033億円である。ホンダには，二輪事業，四輪事業，汎用パワープロダクツ及びその他の事業，金融サービス事業があり，2015年の売上高構成比はそれぞれ12.3%，72.8%，2.3%，12.6%である。[6] 図表7-4は，ホンダの二輪事業における売上高と販売台数の推移を示したものである。2009年を底に，2010年以降の売上高は増大傾向である。販売台数に関しては，2012年から販売台数の計算方法が異なっているため単純な比較は難しいが，近年はほぼ横ばいで推移している。図表7-5は，ホンダの二輪事業における地域別売上高を示したものである。日・米・欧市場が横ばいであるのに対し，アジア市場が伸びている。特に，2012年以降，アジア市場の増大が顕著であり，2015年のホンダ二輪事業におけるアジア市場の売上高構成比は61.4%である。二輪車の総需要と

図表7-4　ホンダ二輪事業の売上高と販売台数

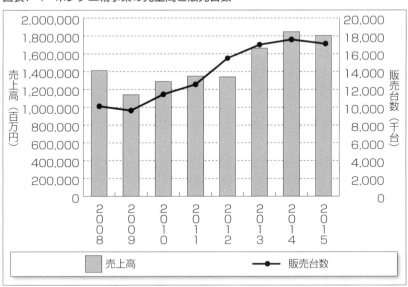

注：2008年から2011年までの販売台数は，本田技研工業および連結子会社の完成車と持分法適用会社への生産用部品の売上台数の合計の数字である。2012年以降は本田技研工業および連結子会社，ならびに持分法適用会社の完成車販売台数の数字である。
出所：本田技研工業『Annual Report』各年度版。

図表7-5　ホンダ二輪事業の地域別売上高　　　　　　　　　　　　（百万円）

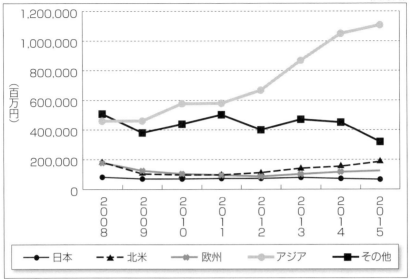

注：アジアは，タイ，インドネシア，マレーシア，フィリピン，ベトナム，インド，パキスタン，中国の8か国の合計の数値である。
出所：本田技研工業『Annual Report』各年度版。

同様，現在のホンダの二輪事業の中心はアジアである。

　ホンダの二輪事業におけるグローバル戦略には，「2つの二輪車」がある。1つは人々の生活の足として欠かせない「コミューター」としての二輪車であり，もう1つは走る喜びと楽しみを感じる「ファン」としての二輪車である。言い換えれば，「コミューター」は移動手段として，「ファン」は趣味としての二輪車になる。[7]

　コミューターとしての二輪車は，排気量100cc前後を中心とした小型二輪車である。これには，いわゆるカブ，スクーター，小型スポーツタイプ二輪車がある。一方，ファンとしての二輪車は，排気量250cc以上の中型から大型の二輪車である。これには，レース仕様のレーサーレプリカやビッグスクーターなどの二輪車がある。

　コミューターとしての二輪車は，新興国市場の主力商品である。現在，ホ

ンダの二輪事業がアジアを中心にしていることを考えれば，コミューターとしての二輪車はホンダの基幹商品と言えるであろう。また，今後，成長が見込めるアフリカ地域においてもこのコミューターとしての二輪車が主力商品になるので，その重要性は一層増している。そして，コミューターとしての二輪車の場合，その競争において高品質でありながらいかに低価格に抑えられるかが重要になる。

一方，ファンとしての二輪車は，先進国市場の主力商品である。ここでは，性能やスペックの追求だけでなく，ホンダ・ブランドを意識した強い個性も必要になる。言い換えれば，ファンとしての二輪車は，走る喜びと所有する喜びをともに追求する必要があり，趣味性の強いものになる。ファンとしての二輪車は，ホンダ・ブランドのアイデンティティを体現し，ブランド・イメージを牽引するようなフラッグシップ・モデルで構成される。

ホンダは，ファンとしての二輪車によってホンダ・ブランドのイメージを形成し，それをコミューターとしての二輪車のマーケティング戦略で活用している。つまり，ファンとしての二輪車とコミューターとしての二輪車は，同社のビジネスにおいて補完関係にある。従って，コミューターが主力商品である新興国市場においても，ブランド・イメージの向上のためにファンとしての二輪車を製品ラインに加えている。

以下では，インドネシアにおけるホンダの戦略について考察する。まず，ホンダのインドネシア参入の歴史と現状を簡潔に示したうえで，ホンダがインドネシアで成功した要因を明らかにする。

3 ホンダのインドネシア市場戦略[8]

1971年，ホンダは，現地資本（PT. Federal Motor）100%で完成車組み立て工場をジャカルタ・スンターに設立した。1973年，PT. Federal Motorと合弁で部品製造およびエンジン組み立てを行うPT. Honda Federalを設立した（出資比率ホンダ55%，PT. Federal Motor45%）。販売は，インドネシアの最大財閥であるPT. Astra International TbkのHonda Sales Operation Divisionが担い，ここがホンダの販売ネットワークを構築した。2001年，

PT. Astra International Tbkと合弁で完成車製造，卸販売（部品・サービス）のすべてを統括するPT. Astra Honda Motor（以下，AHM）を設立した（出資比率ホンダ50％，Astra 50％）。

　現在，生産工場はインドネシア国内に5つある。1971年の第1工場設立後，1996年に第2工場（ジャカルタ・プガンサン），2005年に第3工場（ジャカルタ近郊・チカラン），2014年に第4工場（ジャカルタ近郊・チカンペック），2015年に第5工場とパーツセンター（第4工場と同じ敷地内）を設立した。現在，第1・第3・第4工場はスクーター，第2工場はカブとスポーツバイク，第5工場はスポーツバイクを生産し，年間580万台の生産能力を有している。

　AHMは，インドネシア全土に販売ネットワークをもち，8512店の販売拠点を持っている。そのうち，新車販売のメインディーラーは，AHM直営が11店，独立系18店であり，これらを含めた新車販売のディーラーが1821店ある。インドネシアは数多くの島々から構成される国であるが，ディーラーの90％は首都ジャカルタのあるジャワ島と北部のスマトラ島にある。新車販売ディーラー以外に，サービスを専門に提供する拠点が2417店，ホンダ純正パーツを扱う一般ショップが4247店ある（2015年8月時点）。

　図表7-6はAHMの出荷台数と市場シェアの推移を示したものである。2015年，AHMの出荷台数は，445万台である。近年，インドネシア経済の成長鈍化に伴い[11]，二輪車市場も成長が止まっている（前述の図表7-1参照）。それを受けてAHMの出荷台数もここ数年緩やかな成長になっている。しかし，市場シェアは2010年の46％から2015年の69％へと5年間で20ポイント以上も伸ばしている。市場成長が鈍化し競争が激化する中，AHMの巧みな戦略によって市場シェアを伸ばしていると考えられる。

　図表7-7はAHMの製品ラインを示したものである。主力商品は，コミューターであるカブやスクーターである。その中でも，低価格帯スクーターの「BeAT」シリーズと中価格帯スクーターの「Vario」シリーズが主力である。「BeAT110」（110cc）と「BeAT POP」（110cc）で年間約200万台，「Vario125」（125cc）と「Vario150」（150cc）で年間約100万台を販売している。「BeAT」シリーズと「Vario」シリーズで全出荷台数の約半分を占めている。他にも人気の高いブランドとして，カブタイプの「Revo Fit」（110cc），デザイン

第7章　インドネシア二輪車市場におけるホンダの戦略

図表7-6　AHMの二輪車出荷台数と市場シェア

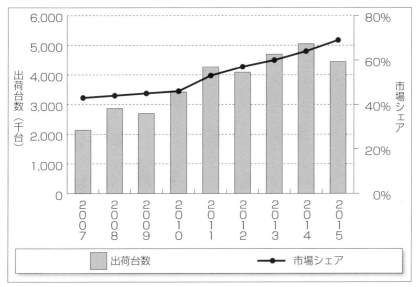

出所：Astra Honda Motor内部資料。

性の高いスクータータイプの「Scoopy」(110cc)，スポーツタイプの「CB150R StreetFire」(150cc) がある。

　AHMの成功は，ブランド管理の成功によるものである。具体的には，ホンダ・ブランドのコア・アイデンティティの継続的な訴求と市場変化に対応した新たな価値提案の同時追求にある。AHMは，その歴史の中で「高品質」「耐久性」「操作性」といったホンダ・ブランドのコア・アイデンティティを訴求し続け，ホンダ・ブランドの評判を確固たるものにした。同時に，市場の変化に直面した際，それに上手く対応するだけでなく，新たな価値も積極的に提案して変化に対処している。経済成長に伴い，競争がコスト・パフォーマンス重視からデザイン性などの付加価値重視へと移行する中，AHMは自ら商品企画した「CB150R StreetFire」を導入したり，消費者との感情の絆を強化する「One Heart」キャンペーンを展開したりしている。こうした新たな提案が，ブランド価値の維持・向上に貢献している。さらに，販売ネットワークの強みを活かし，独自のサービス提供によってブランドを強化する

図表7-7　AHMの製品ライン

出所：Astra Honda Motor内部資料。

一方，急速なAT化で後塵を拝した際はこの販売ネットワークによってその劣位性を迅速に克服した。これらはそれぞれ関係するが，以下で個別に説明する。

（1）コア・アイデンティティの継続的訴求

　インドネシアにおいて「ホンダ」という言葉は，二輪車の一般名詞になっている。こうした圧倒的なブランドの強さの背景には，ホンダがそのコア・アイデンティティを継続的に訴求してきたことがある。
　ホンダ・ブランドのコア・アイデンティティは，「高品質」，「耐久性」，「操作性」である。この中で，特にホンダ・ブランドの構築に大きく貢献したのは，「高品質」と「耐久性」である。インドネシアにおいて，消費者が求める二輪車の品質，すなわち二輪車の知覚品質は燃費性能である。1980年代，

インドネシアの二輪車市場はカブが主流であった。多くのメーカーは加速性を重視するため，2ストローク・エンジンのカブをインドネシア市場に導入した。しかし，ホンダはより燃費性能の高い4ストローク・エンジンを導入した。その結果，ホンダの二輪車＝燃費が良い＝高品質という図式が消費者マインドの中で形成された。

また，インドネシアの道路環境は悪いので，二輪車が壊れないこともその知覚品質において重要な要素である。ホンダの二輪車は，元々丈夫で壊れないという特徴がある。しかし，悪路で使用していると，いくら耐久性の高いホンダの二輪車でも，当然，故障する。修理の際，AHMがインドネシア全土に展開している販売ネットワークが競争優位を発揮している。販売ネットワークについての詳細は後述するが，販売ネットワークが迅速かつ丁寧なアフターサービスを実現し，ホンダ・ブランドは「耐久性が高い」，しかも「サービスが良い（＝すぐに修理ができる）」というブランド・イメージを獲得した。

（2）急速な市場変化と新たな価値提案

AHMはコア・アイデンティティを訴求し続けると同時に，市場の変化に対処する新たな価値も訴求している。新興国市場の特徴には，先進国との異質性だけでなく市場の急成長に伴う急激な変化もある。その変化に上手く対処できるどうかがブランド価値の維持・向上に大きく影響している。インドネシアの二輪市場における大きな変化として，①主力商品がMT（manual transmition）からAT（automatic transmission）に移行したこと，②競争の焦点が機能性重視から付加価値重視へ変化したこと，がある。

図表7-8はインドネシアの二輪車におけるAT比率を示したものである。AT化への移行は，2000年代中頃に始まった。AT比率は，2005年はわずか4％であったが，2010年には46％，そして2015年には76％と急速に増大した。これは，主力商品がMTのカブからATのスクーターへ移行したことを示している。AT化への移行は，女性消費者の増大にもつながった。インドネシアの経済成長に伴う女性の社会進出とタイミングが重なったこともあり，跨がずに乗れるスクーターは多くの女性に支持された。図表7-7の製品ラインの中で，主力ブランドである「BeAT」と「BeAT POP」の購入者の半分は

図表7-8　インドネシアにおけるAT比率の推移

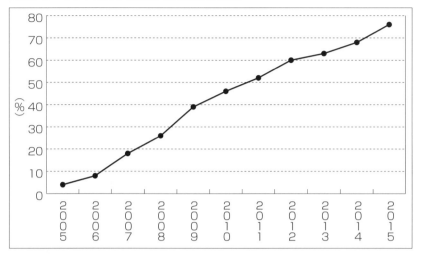

出所：Astra Honda Motor内部資料。

女性である。

　AT化への移行には，2005年にスクーターを製造する第3工場を設立して対応した。生産は可能になっても，販売の実現が問題である。その際，AHMが全国に展開している販売ネットワークがその効果を発揮した。同社がもつ専売店ディーラー・ネットワークで一気にスクーターを販売し，一時的に競合他社に先行を許すも2011年以降は順調にシェアを回復できた。

　さらに，消費者嗜好も変化した。それは，需要がエントリー・モデルの新車購入や追加購入からエントリー・モデルからの買い替え購入へシフトしたからである。買い替えの場合，現在保有している二輪車より性能が良くかつデザイン性が高いものを選ぶ傾向が強い。また，2000年代中頃から，競合のヤマハがファッション性の高い二輪車を投入して成果を残したことも消費者嗜好の変化を促している[14]。さらに，ここ数年SNSの普及によってデザインに対する嗜好が先進国並みに洗練されてきている。

　消費者嗜好の変化に対して，AHMは，「燃費が良く，壊れない二輪車」というコア・アイデンティティに加え，「かっこいい」とか「自慢できる」

といった所有欲を満たすような付加価値を訴求することが必要になった。そこで、デザイン性の高い中価格帯のスクーター「Vario」や「Scoopy」、そしてスポーツタイプの「CB150R StreetFire」を導入して買い替え需要に対処した（図表7-7参照）。また、ホンダ・ブランドの付加価値を一層高めるために、「CBR150R」や「CBR250RR」などのフラッグシップ・モデルを強化している。さらに、2011年以降、ホンダとインドネシア消費者の感情的な絆を強める「One Heart」キャンペーンを継続的に実施している。加えて、全国から2万人超のホンダー・ユーザーが集まる「Honda Bikers Day」というラリー・イベントを行うなど、ホンダとインドネシア消費者の結び付きを強化している。

（3）販売ネットワークの構築とその活用

　AHMにおけるブランド構築・維持と販売ネットワークの関係は、相互に影響する。つまり、ブランドへの認知率が高くイメージが良いからこそ販売ネットワークを構築できる。同時に、販売ネットワークがあるからこそきめ細かいサービスが可能になり、それがブランド・イメージを向上させている。

　前述のようにAHMは、インドネシア全土に1821店舗の新車販売ディーラーをもち、それらはすべて専売店である（図表7-9）。こうした専売店ディーラー・ネットワークを構築できた背景には、ホンダ・ブランドの認知率の高さとイメージの良さがある。1970年代、ホンダの販売ネットワークの多くは、併売店ディーラーであった。そこで、1980年代中頃から1990年代にかけて、ジャワ島やスマトラ島を皮切りに専売店ディーラー・ネットワークを構築し始めた。1982年、新車販売の専売店ディーラーは312店であり、それ以降着実に専売店を増やしてきた（図表7-9）。専売店ディーラー・ネットワーク構築が可能であった理由は、当時、ホンダの市場シェアが既に60％を超えていたからである。1980年代、インドネシアの二輪市場の中心はカブであり、ホンダが4ストローク・カブで強みを発揮した。当然、この販売ネットワーク構築には、提携先のPT. Astra International Tbkによる努力も大きかった。そして、2004年にはすべてのディーラー（サービスやパーツ販売店も含む）が専売店になった。

ホンダ・ブランドの構築・維持には，AHMのサービス拠点（AHASS：Astra Honda Authorised Service Shop）も大きく貢献している。ホンダの二輪車は，もともと耐久性に優れたものであったが，だからといって決して壊れないわけではない。インドネシアの道路環境は決して良くないし，しかもユーザーはタフに使用しているので，どうしてもメンテナンスが必要になる。その際，インドネシア全土に張り巡らされたサービス拠点ネットワークによって，全国どこでも迅速な修理が可能になった。現在，ホンダのサービスを受けられる販売拠点は，インドネシア全土で3642店ある（図表7-9）。

　AHMは，きめ細かい顧客サービスを提供するために，1990年代に他社に先駆けて「Kami SIAP」という独自の顧客サービスプログラムを導入した。[19]「Kami SIAP」とはインドネシア語で「We are ready」という意味である。顧客サービスの充実だけでなく，ワークショップを開き顧客サービスの強化を始めた。また，顧客サービス向上のために，AHMは全国396か所の職業訓練学校（Honda Motorcycle Engineering Major School）と提携し優秀なサービス・スタッフを育成している。こうした質の高い顧客サービスプログラムが，ブランド・イメージを向上させる好循環を生み出している。

　さらに，前述のAT化への迅速な対応は，この専売店ディーラー・ネットワークによる優位性が発揮されたものであった。つまり，専売店ディーラー・ネットワークのおかげで，スクーターの生産体制が整うと同時にその販売体制も整うことができた。そして，AT化への遅れを克服できブランド・イメージの低下を防ぐこともできた。このように考えると，ブランド構築と販売ネットワークは相互に補完している。

4　結論：新興国市場の異質性と動態性

　AHMの事例は，新興国市場戦略におけるブランド管理の重要性を示している。AHMが，インドネシアで圧倒的な市場シェアを獲得できている理由は，ホンダ・ブランドの構築と維持である。ホンダ・ブランドのコア・アイデンティティである「燃費が良く耐久性のある二輪車」を消費者に訴求し続けたことが成功要因の1つである。これは，ホンダが4ストローク・エンジンの

図表7-9　AHMのディーラーネットワーク

	1982年	1991年	1997年	2000年	2005年	2010年	2015年
ディーラー	312	404	808 (288)	720 (312)	1270 (788)	1588 (1078)	1821 (1204)
AHASS	350	454	1762	1617	3323	3747	3642

注：かっこ内は新車販売・サービス・パーツのすべての機能をもつ店舗数である。AHASSは，Astra Honda Authorised Service Shopの略であり，サービス提供やパーツ販売を行う店舗である。AHASSの店舗数は，ディーラーの中でサービスとパーツを販売している店舗数とAHASSとしてサービスとパーツを販売している店舗数を合計した数字である。
出所：Astra Honda Motor内部資料。

カブを導入したこと，販売ネットワークによってきめ細かいサービスを提供し続けてきたことがその背景にある。もう1つの成功要因は，コア・アイデンティティの訴求と同時に，市場変化に対応した新たな価値も提案していることである。それは急速なAT化への移行と買い替え需要の発生に対応するため，機能性だけでなくデザインも高い製品の導入，フラッグシップ・モデルの強化，消費者との感情の絆を強めるようなプロモーションの実施，である。

また，ホンダ・ブランドの構築・維持には，AHMの販売ネットワークも関係している。ホンダ・ブランドの優れた評判によって全国に専門店ディーラー・ネットワークを構築できた一方で，専売店だからこそきめ細かい顧客サービスが可能になりブランド価値の向上をもたらすという好循環を生み出している。これまでのブランド管理研究において，ディーラーの役割（流通管理）はあまり着目されていなかった[20]。しかしながら，ディーラーが消費者とのコンタクトポイントであることを考えれば，ディーラー管理はブランド管理においても重要である。

AHMが市場の変化に対応しながら，独自の付加価値を提案できている理由は，ホンダの分権的調整による現地適合化戦略である。ホンダの二輪事業は，各国子会社の自律性を尊重し，大型投資でなければ子会社決済で投資が可能である。また，各国の大型投資も子会社が提案し，本社会議で承認を得る形になっている。現地適合化の事例としては，中型スポーツタイプ二輪車「CBR250RR」がある。インドネシアの高いモータースポーツ熱を受け，AHMがリードカントリーとなり，「CBR250RR」のコンセプト作り，デザ

イン設計，生産を行った。2016年末に発売される予定である[21]。

ただし，ホンダは単なる分権的組織ではない。各国間での情報共有，役割分担の明確化など緩やかに統合もしている。たとえば，スクーターにおいて，ホンダは，エンジンは日本で開発し，プラットフォームはタイで開発し，商品企画は各国で行っている。また，ホンダでは，ASEANレベル，グローバルレベルで各国の情報を共有する仕組みがあり，これが現地の問題解決を手助けしている。ホンダは多国籍企業というネットワーク（統合性）のメリットを活用しながら，うまく分権化し市場の変化に対応できるような組織になっている。

AHMの事例は，新興国市場戦略に対する新たな課題を示している。これまでの新興国市場論において指摘された主な課題は，先進国と新興国の間に存在する異質性への対処方法であった（天野，2015；新宅・天野，2015；新宅・中川・大木，2015；諸上，2012；安室，2010）。議論の焦点は，日本企業がかつて成功を収めてきた先進国市場と現在注目を浴びている新興国のボリュームゾーンにおける異質性である。両者は様々な市場条件が異なるが，決定的な相違点は価格設定とコスト構造である。日本企業の新興国市場戦略における過剰品質問題はまさにこの異質性を認識できていないことの帰結であった。そして，その解決策として，現地適合化した戦略とそれに合わせた分権的調整の必要性が提示されている（天野，2015；新宅・天野，2015；新宅・中川・大木，2015）。先進国と新興国では未だに大きな異質性が存在する。新興国市場のボリュームゾーンで多くの日本企業が苦戦しているのはこの異質性への認識と対処の問題であることは間違いない。

しかしながら，AHMの事例から，新興国市場の特徴として市場の異質性だけでなく動態性（＝市場の急速な変化）も示された。それは，かつての発展途上国論で指摘されるような政治の不安定性に起因する法律や政治体制の変化[22]だけではない。市場ニーズや市場嗜好の急速な変化がある。AT化への移行や付加価値重視への変化など市場が急速に変化することも新興国市場の特徴である。インドネシアの二輪車に対する消費者嗜好の変化に関しては，SNSの影響も大きい[23]。

新興国市場戦略の本質を把握するためには，新興国市場の異質性と同時に，

その動態性にも注意を払うことが肝心である。これまでは異質性を根拠に現地適合化や分権化の必要性が指摘されてきた。しかし，動態性に着目すると，変化を察知し対処する仕組みにも焦点を当てる必要がある。しかも，急速な変化に対応するためには，市場からの学習という視点だけでなく，本社や他の子会社に存在する知識・ノウハウを移転・共有・活用するという異なった視点の組織学習も重要になるであろう。なぜなら，急速な変化に短時間で対応しなければならないからである。そして，市場から学習という視点は，これまでの新興国市場論でも指摘された現地適合化や分権化と関係する問題であるが，知識・ノウハウの移転・共有・活用における学習は多国籍企業がもつ統合性と関係する問題である。[24]

　AHMでは，毎年，定量調査やフォーカスグループ調査を実施している。また，月2回，市場情報をフィードバックする会議を行い，その情報をAHMでの商品開発やマーケティング戦略で活用している。さらに，ホンダでは，各国の情報を共有しそれらを現地のマーケティング戦略で活用している。こうした組織学習が新興国市場におけるマーケティング戦略の立案・実行において鍵となるであろう。これらは今後の研究課題となる。

〈注〉

1) この数字は，ヤマハ発動機が独自に推定している総需要数である（図表7-3参照）。これは，日本自動車工業会による国内末端販売店向け出荷台数とは異なる（日本自動車工業会ウェブサイト，http://www.jama.or.jp/industry/two_wheeled/two_wheeled_2t1.html，2016年7月25日アクセス）。日本自動車工業会によると2015年の日本の二輪車出荷台数は37万2696台である。その他にも，図表7-1のインドネシアの二輪車台数と図表7-3のインドネシアにおける推定総需要数も若干異なる。これらの相違に留意されたい。
2) Astra Honda Motorインタビュー調査，内部資料（以下，インタビュー調査，内部資料と略す）。
3) インタビュー調査，内部資料。
4) 内部資料。
5) 東南アジアの二輪車市場の発展については三嶋（2010）が詳しい。参照されたい。
6) 本田技研工業『Annual Report 2016』，pp.6-20。
7) 本田技研工業『Annual Report 2014』，p.9。
8) インドネシアにおけるホンダの事例は，ほとんどがPT. Astra Honda Motorへのインタビュー調査と内部資料に基づいて執筆している。以下では，上記以外のデータに基づく場合のみ出典を明記する。
9) 新車販売ディーラーの内訳は新車販売のみの店舗が596店，新車販売・サービス店舗が21店，

新車販売・サービスとパーツの店舗が1204店である（内部資料）。
10) サービス店専門拠点の内訳は，サービスのみが329店，サービスとパーツが2088店である（内部資料）。
11) 2010年の6.3％から2015年は4.79％とインドネシアのGDP成長率は，2010年以降は減速傾向にある（International Monetary Fund website, http://www.imf.org/external/ns/cs.aspx?id=28, 2016年10月25日アクセス）。
12) 他にも，二輪車の普及に対応して「安全性」をホンダ・ブランドの付加価値として訴求している。AHMは全国7か所に安全運転センターを設立して安全運転の啓蒙活動を行っている。
13) AT化の進行と女性の社会支出の関係は，因果として捉えるのは難しい。つまりどちらもが影響し合っているということである（インタビュー調査）。
14) 天野（2007），pp.454-455。
15) 買い替え需要に関しては，ディーラー・サービスにおける製品保証プログラムでも対応している。7年で買い替える前提のもと継続購買を促すような顧客関係マネジメントを推進している（インタビュー調査・内部資料）。
16) AHMがリードカントリーとして主導的に開発している（インタビュー調査）。
17) インドネシアのモータースポーツ人気を背景に，「One Heart」キャンペーンの中でインドネシア人Moto GPレーサーを育成している。こうしたインドネシアン・ドリームと呼べるようなキャンペーンがホンダと消費者の感情の絆を強化している（インタビュー調査）。
18) これは新興国市場におけるパートナーの重要性を示す典型的事例である。
19) 2000年代初頭，中国企業が参入し一時的にシェアを奪った。しかしながら，製品品質とアフターサービスにおける優位性が中国企業を撃退する大きな要因となった（天野，2007；佐藤，2006；インタビュー調査・内部資料）。インドネシアへの中国企業参入とAHMの対応に関しては天野（2007）を参照されたい。
20) ただしWebster（2000），Koehn（2001），木下（2011）はブランド管理における流通管理の重要性を指摘している。Webster（2000）は，小売企業との良好な関係構築，営業活動（特に売り場サポート）がブランド構築のために不可欠であることを指摘している。またKoehn（2001）も適切な流通選択と流通管理がブランド構築において重要であることを述べている。木下（2011）はアパレル産業のマーケティングを歴史的に検証し，ブランド構築における販売機能までを含む統合的管理の重要性を明らかにしている。
21) その後日本でも発売予定である。そしてこの事例は，リバースイノベーションの事例でもある（インタビュー調査）。
22) インドネシアの二輪車市場においても法律変化への対処は，大きな問題である。たとえば，AHMにおいて割賦販売の利用者は全体の約7割である。割賦販売に関係するような法律（例：頭金規制など）の変更は突然発表され，その対応に苦労している。
23) インタビュー調査。カスタマイズパーツに関しても，1990年代までインドネシアではカスタマイズパーツへの需要は全くなかった。ところが前述のように，現在ではカスタマイズパーツの需要は旺盛で，しかもそのテイストは先進国並みに洗練されている。その背景には，経済成長，それに伴う企業活動の活発化，そしてSNSによる情報のスピルオーバーなど様々な要因が複雑に交錯している（インタビュー調査）。
24) 天野・新宅（2015）もASEANにおけるホンダ二輪事業の分析から現地適合化・分権化とグローバル統合性の両立の必要性を指摘している。天野・新宅（2015）の分析の焦点は，2000年代前半までの低価格モデルのASEAN導入である。そこでのグローバル統合性の根拠はコスト

低減のための統合性である。また，天野（2007）や天野・新宅（2015）でも新興国市場の動態性について指摘はしているが，分析の焦点は市場の異質性とその対処方法にある。

● 謝辞

本研究は，Astra Honda Motorの多大なご協力のもと執筆している。インタビュー調査のみならずメール等でも色々と教えていただいた。下記にご協力いただいた方々の名前を挙げている。とりわけ同社の井沼俊之社長と杉田宏治マーケティング役員には2回にも渡りインタビュー調査にご協力いただいた。改めて感謝の意を示したい。もちろん，文責は筆者のみにある。また，本研究はJSPS科研費25780268の助成を受けたものである。

● 調査概要（職位は調査当日のもの）

日時／場所：2016年1月14日／Astra Motor JakartaとAstra Honda Motor第5工場
協力者：Astra Honda Motor President & Director 井沼俊之氏，Marketing Director 杉田宏治氏，Production & Engineering Director 池上雅彦氏，Senior Adviser 上野仁士氏，Technical Adviser 森下貴申氏，Adviser 岩野央夫氏
日時／場所：2016年9月13日／Astra Honda Motorオフィス
協力者：Astra Honda Motor President & Director 井沼俊之氏，Marketing Director 杉田宏治氏

● 参考文献

Koehn, N. F. (2001) *Brand New*, Harvard Business School Press（樫村志保訳『ザ・ブランド』翔泳社，2001年）．
Webster, Jr., F. E. (2000) "Understanding the Relationships Among Brands, Consumers and Resellers," *Journal of the Academy of Marketing Science*, Vol.28, No.1, pp.17-23.
天野倫文（2007）「インドネシアバイク市場とものづくり」『赤門マネジメントレビュー』第6巻第9号，pp.451-458。
天野倫文（2015）「新興国市場戦略論の諸観点と国際経営論」，天野倫文・新宅純二郎・中川功一・大木清弘『新興国市場戦略』有斐閣，第1章。
天野倫文・新宅純二郎（2015）「低価格モデルの投入と製品戦略の革新」，天野倫文・新宅純二郎・中川功一・大木清弘『新興国市場戦略』有斐閣，第5章。
木下明浩（2011）『アパレル産業のマーケティング史』同文舘出版。
佐藤百合（2006）「インドネシアの二輪車産業―地場企業の能力形成と産業基盤の拡大―」，佐藤百合・大原盛樹編『アジアの二輪車産業』アジア経済研究所，第8章。
新宅純二郎・天野倫文（2015）「新興国市場戦略論」，天野倫文・新宅純二郎・中川功一・大木清弘『新興国市場戦略』有斐閣，第2章。
新宅純二郎・中川功一・大木清弘（2015）「新興国市場開拓に向けた戦略と組織の再編成」，天野倫文・新宅純二郎・中川功一・大木清弘『新興国市場戦略』有斐閣，終章。

中川忠洋（2011）「拡大基調が続くインドネシア二輪車市場」『みずほリサーチ』May, pp.8-9。

本田技研工業『Annual Report』各年度版。

諸上茂登（2012）「多国籍企業のビジネスプラットフォームと新興国市場開拓」大石芳裕・桑名義晴・田端昌平・安室憲一監修, 多国籍企業学会著『多国籍企業と新興国市場』文眞堂, 第5章。

三嶋恒平（2010）『東南アジアのオートバイ産業』ミネルヴァ書房。

安室憲一（2010）「グローバル市場の活断層に潜む戦略リスクの分析」『世界経済評論』Vol.54, No.4, pp.27-35。

ヤマハ発動機『決算資料』各年度版。

他, Astra Honda Motor内部資料。

第8章
グローバル雑誌メディア『Harper's BAZZAR』の知識移転プロセス

1 グローバルに出版される雑誌メディア

(1) 雑誌メディアの特性

　マーケティングにおける大切な機能である4P（プロダクト，プライス，プレイス，プロモーション）の1つであるプロモーション（Promotion）には広告，人的販売，販売促進活動，パブリシティ，PR・IRなどがある。中でも，広告（Advertising）やパブリシティ，PR（Public Relations）においてはメディア（媒体）が重要な役割を果たしている。本章で取り上げる雑誌は，対象市場を細かく設定できるメディアである。発行時期による分類では週刊，月刊，隔月刊などがあり，内容による分類では総合誌，ビジネス誌，ファッション誌，美容誌，パソコンや自動車などの生活実用誌，ゲームなどの趣味系専門誌など，多岐にわたり細分化される。雑誌の特性は一般的にカラーで印刷されるため，新聞よりも視覚的に訴えやすいとされる。従って，ファッションや美容，自動車，時計など，特にカラーによるビジュアルを重視する広告主にとっては重要なメディアである。図表8-1は2012年のアメリカと中国の雑誌広告費用の上位10社の広告主を示している。両国の広告主による出稿金額の上位には，プロクター・アンド・ギャンブル（以下，P&G），ロレアル，モエ ヘネシー・ルイ ヴィトン（以下，LVMH），ユニリーバといったグローバル企業が名を連ねている。アメリカでは第1位のP&Gは約720億円，中国では第1位のLVMHが約192億円の広告費を雑誌に投下している。雑誌メディアはグローバル企業のプロモーション（Promotion）において不可欠である。雑誌メディアは世界各国で出版され，その国の文化（言語・習慣・

図表8-1 アメリカと中国の雑誌広告主の上位10社（2012年度）

	アメリカ　広告主	雑誌広告費用 （百万円）
1	プロクター・アンド・ギャンブル（一般消費財・化粧品）	72,001
2	ロレアル（化粧品）	62,611
3	ファイザー（製薬）	23,786
4	タイム・ワーナー（エンターテイメント）	21,956
5	Joh. A. Benckiser（プレミアムブランドほか）	21,077
6	LVMH（ファッション）	20,452
7	ユニリーバ（一般消費財）	19,129
8	ジョンソン・エンド・ジョンソン（一般消費財）	17,448
9	エスティ ローダー（化粧品）	16,177
10	Advance Publications（メディア　新聞，雑誌ほか）	14,217

	中国　広告主	雑誌広告費用 （百万円）
1	LVMH（ファッション）	19,275
2	ロレアル（化粧品）	11,295
3	エスティ ローダー（化粧品）	8,039
4	スウォッチ グループ（時計）	6,593
5	プロクター・アンド・ギャンブル（一般消費財）	6,392
6	シャネル（ファッション・化粧品）	6,262
7	FAW（一汽）フォルクスワーゲン（自動車）	3,232
8	上海フォルクスワーゲン（自動車）	3,172
9	ゼネラルモーターズ（自動車）	1,911
10	アムウェイ（日用品）	1,756

注：2012年の為替年平均で換算（1ドル＝78.72円，1元＝12.32円）。
出所：Zenith Media Fact（2013）より筆者作成。

宗教など）や政策（法律・規制など）の影響を編集や広告掲載の段階で受ける。雑誌出版はその国の文化拘束性が極めて強い産業である。よって，その国際展開には雑誌のタイトルのみをライセンス供与することが常識であった。雑

誌のタイトルは同じでもアメリカと中国と日本では編集内容については各国が独自に行っていた。これまで，消費者や広告主にとって影響力を持っていた雑誌メディアであるが，近年，その雑誌出版市場に大きな変化が見られる。

（2）雑誌出版市場の変化

　雑誌メディアへの広告費はインターネットの興隆によって，劇的に変化している。図表8-2は主要国（米国，アジア，欧州）における雑誌とインターネットの広告費用の推移を示している。2002年から2012年の10年間において，インターネット広告費が雑誌広告費を上回る現象が，2004年に中国，2006年に日本，イギリス，2009年にアメリカで見られた。インターネットやソーシャルメディアの急成長は先進国のみならず新興国においても見られ，グローバル規模で雑誌メディアの発行部数や広告出稿に影響を与えているとされる。

　図表8-3は日本における雑誌出版市場の推移を示している。日本雑誌協会の調査によると，出版市場は1996年の2兆6,563億円をピークにマイナス成長が続いている。このような雑誌出版市場が縮小する背景には，インターネットの興隆に加えて，消費者の活字離れやスマートフォンなど情報獲得手段の多様化があるとされる。さらに，消費者自身が，インターネットを利用したソーシャルメディアや動画サイトを通じて情報発信するCGM（Consumer Generated Media）は，現代社会において大きな影響力を持ち始めている。それは，マスメディア（テレビ，ラジオ，雑誌，新聞など）を通じて，一方的に情報が発信されるだけではなく，消費者がソーシャルメディアのような「双方向型コミュニケーション」により自ら発信する時代が始まったことを意味している。本章は，このような「双方向型コミュニケーション」の時代において，雑誌のブランド力を活かし，デジタル媒体などを巧みに組み合わせながら，グローバル企業の広告主をしっかり取り込み成長しているグローバルに出版される雑誌メディアの知識移転の事例を通して，その背後にある経営者の意志やマーケティング戦略を明らかにする。

図表8-2　主要国における雑誌とインターネットの広告費用の推移（百万円）

	アメリカ		日本	
	雑誌	インターネット	雑誌	インターネット
2002年	2,679,347	929,305	405,100	84,500
2003年	2,540,304	907,628	403,500	118,300
2004年	2,485,695	949,034	397,000	181,400
2005年	2,659,806	1,111,872	484,200	377,700
2006年	2,911,477	1,294,815	477,700	482,600
2007年	2,683,917	1,710,607	458,500	600,300
2008年	2,469,203	1,837,946	407,800	698,300
2009年	1,761,144	1,892,004	303,400	706,900
2010年	1,666,516	1,998,427	273,300	774,700
2011年	1,504,549	2,099,477	254,200	806,200
2012年	1,417,498	2,420,050	255,100	868,000

	中国		イギリス	
	雑誌	インターネット	雑誌	インターネット
2002年	19,380	7,778	307,072	27,268
2003年	31,085	16,703	302,705	56,984
2004年	25,934	29,835	328,676	141,726
2005年	31,709	51,893	328,382	237,287
2006年	30,732	89,888	339,552	371,189
2007年	33,737	155,805	358,498	570,246
2008年	39,551	216,750	264,864	558,404
2009年	3,038	264,435	146,059	452,483
2010年	3,223	409,557	127,368	479,234
2011年	5,209	378,331	110,422	527,360
2012年	5,649	536,659	90,165	554,476

注：各通貨の各年平均の為替レートにて円換算を行った。
出所：Zenith Media Fact（2013）より筆者作成。

図表8-3　日本における雑誌出版市場の推移

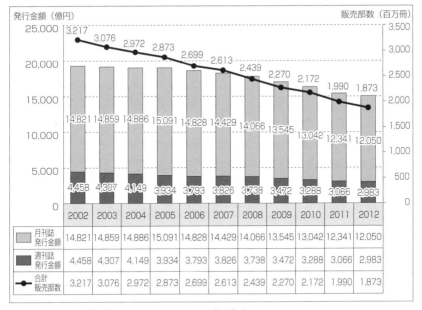

出所：電通総研編『情報メディア白書2015』より筆者作成。

2 グローバルに出版事業を展開する企業と雑誌メディア

(1) Hearst Corporation（ハースト・コーポレーション）

　世界各国で雑誌の出版事業を展開する企業Hearst Corporation（ハースト・コーポレーション，以下ハースト）について説明する。同社は1887年に映画『市民ケーン』のモデルとされるWilliam Randolph Hearst（ウィリアム・ランドルフ・ハースト）によって，アメリカに設立された。本社はニューヨークにあり，アメリカ最大規模のメディア・コングロマリットである。アメリカで雑誌，新聞，企業出版，テレビやラジオ放送，インターネットビジネス，TV番組制作，新聞流通，ヘルスケアなどのビジネス情報事業，広告代理店，不動産事業なども手掛けている。傘下の国際雑誌部門，ハースト・マガジンズ・インターナショナル（以下HMI）は，アメリカで最古のファッション誌として1867年に創刊され，現在世界54か国，21言語で出版されている

『Harper's BAZAAR』，アメリカで最も販売部数が多い女性誌『Cosmopolitan』，世界44か国で出版されている『ELLE』，世界27か国で出版されている男性ライフスタイル誌『Esquire』などをはじめとして，世界80か国以上で300以上の雑誌を発行している。1951年の創業者の死後も，ハースト家が経営に関与している。「我社の使命は，常に人々に知らせることであり，人々を楽しませることであり，鼓舞することである。ハーストはイノベーションと次に来るものへの愛情を受け継いでいく（Our company's mission is still to inform, entertain and inspire. Hearst is continuing a legacy of innovation—and a love of what's next.）」を経営理念として堅持している。

2013年にCEOに就任したSteven R. Swartz（スティーブン・R・スワーツ）が取締役会議議長であり，創業者の孫であるWilliam R. Hearst III（ウィリアム・R・ハースト3世）とともに経営にあたっている。その日本法人であるハースト婦人画報社は，日本の老舗出版社の1つである婦人画報社が元になっている。1989年に創業し，作家・国木田独歩が初代編集長を務め1905年に創刊した『婦人画報』，その増刊号として誕生した『MEN'S CLUB』，バブル期に創刊された『25ans』といった雑誌を出版していた。1996年を境に出版不況へと突入する中，婦人画報社は1999年に当時のアシェット・フィリパッキ・ジャパン（以下アシェット）と合併し，初の外資系出版社が日本に誕生することとなる。その後，アシェット・フィリパッキ・メディアの親会社であるラガルデールSCAがフランス国外の雑誌出版事業をハースト・コーポレーションに売却したことにより，2011年から現在の社名ハースト婦人画報社に変更がなされた。

ハースト婦人画報社の社長兼ハーストマガジンズ・インターナショナル東アジアマネージング・ディレクターであるYves Bougon（イヴ・ブゴン）氏によると，1980年代後半にアシェットの雑誌『ELLE』がLVMHなどのラグジュアリーブランドのグローバル展開に誌面で対応する必要性から，アメリカ，イタリア，フランスを中心に写真や記事などのコンテンツを共有するシステムが採用されたという[2]。このようなシステムがあれば編集者は誌面をつくる上で効率的に仕事を進めることができる。その後，ハーストがアシェットを獲得した後に，IT化を進めて，グローバルにコンテンツを共有するシ

第8章　グローバル雑誌メディア『Harper's BAZZAR』の知識移転プロセス

ステムの構築に発展させた。ハーストの経営戦略は，メディア・コングロマリット（複合体）としてマスメディア（テレビ，ラジオ，雑誌，新聞など）とデジタルメディアを有機的に結び付けて事業展開する点にある。当然のことながら，雑誌のデジタル版（電子化）も先駆的に手掛けている。先述したとおりインターネット広告費が雑誌広告費を上回る現象が起こり，消費者自身が情報発信するCGM（Consumer Generated Media）の時代に戦略的に対応している。現在は，グローバル規模で消費者との「双方向型コミュニケーション」を意識しながら効率的な事業展開を目指している。では，具体的にどのようなシステムを構築して，グローバル規模での効率的な出版事業展開をしているのであろうか。ハーストの出版する雑誌『Harper's BAZAAR』を事例として取り上げる。

（2）グローバルに出版される雑誌『Harper's BAZAAR』の概要

　ここで事例として取り上げる『Harper's BAZAAR』の概要について説明する。グローバルに出版事業を展開する企業による雑誌は，その国の国民性や文化に根ざして作られるため，本国を離れて海外版を出版する場合，多くはライセンス契約のもと雑誌タイトルを使用しながら，その誌面では企画内容やレイアウトにおいて現地適合させた構成で展開する。同誌のコンセプトは「グローバル感覚を持ち，ファッション感度の高い女性を引き付ける厳選されたストーリーを提供できる媒体」である。発行部数は7万部，読者の平均年齢は36.8歳である。同誌は，図表8-4で示された31の国際版が，54か国で出版されているが，すべてに同質の価値創出が求められる。そのために一般的なライセンス契約によってタイトルのみ同じにして，コンテンツは各国編集部が独自に編集する方法とは異なるシステムを構築している。意外なことにファッションの本場であるフランスとイタリアでは出版されていない。これまでにも両国での出版計画は何度も立ち上げられたが，そのたびに本社と両国の出版元候補企業と編集の方針を巡って対立し，頓挫してしまうという。本社がいかに雑誌のブランド管理を徹底することを第一にしているかが理解できる。

図表8-4 『Harper's BAZAAR』のグローバル展開

1	オランダ	11	ブルガリア	21	マレーシア
2	オーストラリア	12	セルビア	22	中国
3	ドイツ	13	チェコ共和国	23	香港
4	ギリシャ	14	カザフスタン	24	台湾
5	イギリス	15	トルコ	25	ベトナム
6	スペイン	16	UAE（ドバイ）	26	韓国
7	ロシア	17	インド	27	日本
8	ポーランド	18	インドネシア	28	アメリカ
9	ルーマニア	19	シンガポール	29	メキシコ
10	ウクライナ	20	タイ	30	アルゼンチン
				31	ブラジル

出所：『Harper's BAZAAR』ウェブサイトより筆者作成。

図表8-5 2012年中国およびシンガポールにおける収益額の上位10雑誌

	中国			シンガポール	
1	Elle	15,862	1	Her World	1,136
2	Cosmopolitan	11,482	2	I-Weekly	822
3	Modern Weekly	10,454	3	8 Days	749
4	Vogue	9,600	4	Singapore Tatler	687
5	Ray Li Fashion	9,242	5	Harper's Bazaar	662
6	Harper's Bazaar	7,917	6	Cleo	566
7	Marie Claire	7,352	7	Elle	526
8	Ray Li Her Style	6,563	8	Singapore Women's Weekly	470
9	Self	5,974	9	Female	428
10	The Bund	5,395	10	U-Weekly	386

注：2012年の為替年平均で換算（百万円）。
出所：Zenith Media Fact（2013）より筆者作成。

第8章　グローバル雑誌メディア『Harper's BAZZAR』の知識移転プロセス

　図表8-5は，2012年の中国とシンガポールにおける収益額（雑誌の販売および広告による利益）の１位から10位までの雑誌タイトルである。『Harper's BAZAAR』は中国では第６位，シンガポールでは第５位にランキングされており，両国において収益性の高い雑誌メディアである。
　では，『Harper's BAZAAR』が具体的にどのようにブランド管理を行い，グローバル企業の広告主から評価される価値創出を実現するシステムをどのように構築しているのかについて説明する。

（３）『Harper's BAZAAR』のグローバル・ブランド管理

　1867年の創刊から始まる長い歴史の中で著名な編集者やフォトグラファー，アーティストを輩出してきたという伝統もあり，ハーストが傘下に持つ雑誌の中でも特に厳しいブランド管理がなされている。これは，グローバルに出版される雑誌の中でも注目に値することである。現在，31の国際版が出版されているが，各国の編集部に"The Brand Book"なる冊子がデジタルで配布される。これは，『Harper's BAZAAR』というブランドに関するガイドラインであり，ブランドバリュー（提供価値）やブランドフィロソフィー（哲学・理念），ミッションステートメント（使命）から始まり，雑誌の「顔」となる表紙に対する考え方，使用すべきキーカラーやフォントの種類，ファッションやビューティなどすべてのセクションにおける規定，主要広告クライアント，マーケティング・プログラム，デジタル展開の考え方と方法論などが，約130ページにわたって詳細に記述され，適宜更新されている。とりわけ，雑誌の「顔」となる表紙に対する考え方，使用すべきキーカラーやフォントの種類，ファッションやビューティなどすべてのセクションにおける編集規定を遵守することによって，アメリカ版も日本版も中国版も共通した『Harper's BAZAAR』らしさを読者や広告主に伝えることが実現される。このような雑誌編集の基本的なガイドラインに加えて，2016年から自国以外で制作された誌面を転載するリフトを40％，自国でオリジナルに制作された誌面を60％の比率で編集するという方針が打ち出された。ただし，この指標は絶対的なものではなく，各国で柔軟に運用されている。図表8-6は，年に一度，『Harper's BAZAAR』の米国本社主導で作られたコンテンツを全世界同時

図表8-6 『Harper's BAZAAR』におけるリフトの事例①
米国本社主導制作コンテンツ（2016年8月）から日本版（2016年10月号）へのリフト

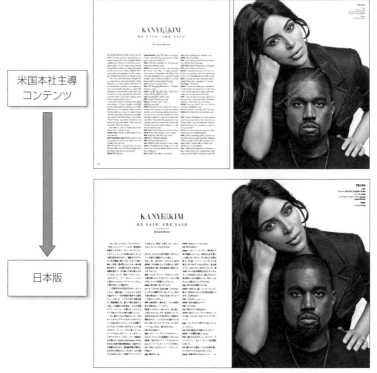

注：日本版（2016年10月号）は2016年8月発売である。
出所：『Harper's BAZAAR』編集部より画像提供。

に掲載する企画「ICONS」のリフトの事例①である。

　このようなコンテンツの移転である「リフト」を行うことにより，『Harper's BAZAAR』らしさというブランド管理とコスト効率化の両方が実現される。ただし「リフト」にあたっては，そのままオリジナルの記事を翻訳するだけでは不十分である。紹介されている商品が販売されているのかどうか，商品名や価格などが各国で確認され，必要があれば修正して記載されている。さらにファッションや化粧品などの情報は，季節感のずれが生じないかどうかも配慮しなければならない。細かい現地適合がなされているのである。図表

第8章　グローバル雑誌メディア『Harper's BAZZAR』の知識移転プロセス

図表8-7　『Harper's BAZZAR』におけるリフトの事例②
日本版（2016年7月号）から台湾版（2016年8月号）へのリフト

出所：『Harper's BAZAAR』編集部より画像提供。

8-7は日本版から台湾版へのリフトの事例②である。

　雑誌編集は校了（印刷前の最終確認を意味する校正の完了）や入稿（原稿を印刷）などの時間的な制約が多い業務である。時間的制約がある中で，『Harper's BAZAAR』らしい記事をグローバルに共有し，効率的にコンテンツを「リフト」していくためには，どのような仕組みがなくてはならないかについて説明したい。ここで重要になるのが，先述した国際雑誌部門HMIの存在である。HMIは"The Brand Book"を各国に配信するだけでなく，各国で進行中の最新号の内容を全ページに渡って把握し，それがブランドバリューに合致しているかどうかをチェックするとともに，各国で進行中の最新号の内容を水平展開して，各国のブランドバリューの向上を図る役割を果たしている。すなわちグローバルで各国コンテンツを時差なく共有さ

せ，HMIが媒介役（ハブ）となって各国の編集部をつなげている。この点が，一般的なライセンス契約による各国編集部が主体となる雑誌出版とは異なる。これが，『Harper's BAZAAR』という媒体価値をグローバルレベルで浸透させるための知識移転の仕組みである。

（4）『Harper's BAZAAR』のグローバル知識移転プロセス

　グローバルで各国コンテンツを時差なくして共有させ，HMIが媒介役（ハブ）となって各国の編集部をつなげる仕組みづくりのために，HMIが急速に押し進めているのが，デジタル・ネットワークの整備である。具体的には，各国の子会社では米国本社の指示により，いち早くDTP（Desk Top Publishing）を導入している。これにより社内における制作作業の効率化，低価格化が図られるだけでなく，各国間でのコンテンツ共有をオンライン上で可能にしている。また現在，米国版の15誌に限って全ページのPDFおよび画像データを過去にさかのぼってネット上で検索できるシステムを構築しており，HMIにリクエストすれば肖像権や著作権をクリアしたのち，当該実データをダウンロードできるようにしている。肖像権などの費用が発生するなどの条件があるものは，ネット上の画面で事前に分かるようになっている。『Harper's BAZAAR』らしい記事をグローバルに共有し，効率的に「リフト」していく仕組みとは，各国がオリジナルに編集した記事内容をグローバルに共有することが前提となる。そのためには先述したように，雑誌の「顔」となる表紙に対する考え方，使用すべきキーカラーやフォントの種類，ファッションやビューティなどすべてのセクションの誌面構成における規定を遵守し，世界標準化しておく必要がある。

　ここで具体的に『Harper's BAZAAR』の知識移転プロセスについて説明する。たとえば，シンガポール版の編集者が日本版の記事について「リフト」したいと考えた場合，自社の編集部のフォト・エディターにその希望する記事についてリクエストを出す。シンガポールのフォト・エディターはニューヨークのHMIの担当者に連絡をする。そのHMIの担当者が日本版のフォト・エディターにシンガポールが使用したいということを伝える。レイアウトや画像データはそのまま転載され，記事原稿が各国の言語に翻訳される。HMI

図表8-8 『Harper's BAZZAR』の「リフト」に関する知識移転プロセス

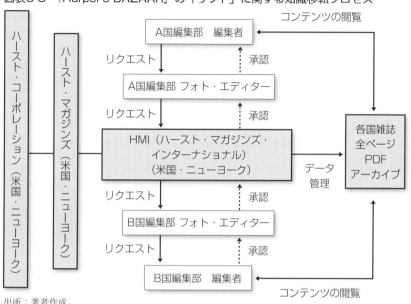

出所：著者作成。

の担当者は2日以内に各国のフォト・エディターに回答するという規定がある。効率的にグローバルに「リフト」を実現するためには，このような雑誌記事コンテンツという知識移転を可能にするシステムが必要である。各国の編集者同士が直接やり取りをしてコンテンツを共有するほうが一見，効率的と考えられるが，多忙で時間に追われる編集者にその連絡や調整業務をさせることのほうが非効率である。さらに，このシステムを可能にしているのが，各国でのライツの許諾システムである。モデルには肖像権，フォトグラファー，イラストレーター，ライターには著作権が発生するので，仕事が発生した時点で契約書を取り交わし，グローバルレベルでの二次使用に関するライツをクリアしたうえでニューヨークのHMIにおいて一元管理がなされている。ニューヨークのHMIがハブとして介在するのは，『Harper's BAZAAR』としてのブランド管理と情報統制の役割を果たすためである。図表8-8は『Harper's BAZAAR』の「リフト」に関する知識移転プロセスである。

3 ハーストのグローバル戦略と経営者の意志

　『Harper's BAZAAR』のようなグローバル規模での知識移転プロセスを構築し，運営していくためには，大きな投資が必要となる。なにより，そのシステムを必要であると確信し実行するグローバル戦略と経営者（経営層）の意志が不可欠である。

　ハースト・マガジンズ社長David Carey（デイビッド・カレイ）が2014年に同社の抱負として「ハーストのグローバル・ネットワーク間で，ベストプラクティスを共有し，コミュニケーションを向上することです。ここ数週間以内に"One Hearst"と題して，世界各国のチームがどのように新たな機会を捉え，困難に立ち向かっているかをシェアします」と語っている。この"One Hearst"は，一元化されたシステムを各国版をも取り込んで拡充を図り，HMIをハブとして双方向でコンテンツ共有を可能にすることを意味している。インターネット，とりわけスマートフォンの普及は，情報入手行動に大きな変化をもたらした。そのことが出版不況の大きな要因の1つになっていることは間違いなく，各国の出版社が直面している課題である。一方で，国境を越えた情報入手が消費者の一般的な行動様式となったことは，グローバルに展開するメディア企業であるハーストにとって，そのような状況は大きな強みに変わる。ハースト婦人画報社社長Yves Bougon（イヴ・ブゴン）氏は「雑誌コンテンツは多くの編集者が関わり，時間をかけて制作されます。そこには一見すると無駄な作業も必要です。効率化の追求のみでは面白いコンテンツは創造されないのです」と述べた。さらに，グローバルに出版事業を展開する企業戦略については「グローバルとローカルのバランスをうまくコントロールすることが大切です。同時にテクノロジーとコンテンツのバランスにも配慮しなければならないのです」とし，世界標準化と現地適合化の最適なバランスの実現を経営者（経営層）が強く意識していることが分かった。

4 考察

　大石（2009, 4ページ）はグローバル・マーケティングとは「企業がグローバル（地球的）な視野で国内市場も世界市場の一部と捉えつつ，国境を超えて，同時に意思決定をしなければならないマーケティングである」と定義している。この定義に基づいて理論的なインプリケーションを3つ挙げたい。

(1)「経営者の意志」の存在

　第1にはグローバル・マーケティングの特性を定める基本的な要素としての「経営者の意志」の存在である。それは，ライセンス契約による現地適合化が一般的である雑誌のグローバル展開において，新しい知識（コンテンツ）をリアルタイムで共有し，移転できるシステムを構築し，国境を越えたコンテンツの共有を競争優位の源泉にすることへの「経営者（経営層）の意志」の存在である。グローバルに出版事業を展開するハーストにおける知識移転は，雑誌ブランドの管理を主導するアメリカ本社と編集や広告に携わる各国編集部の間で行われる。『Harper's BAZAAR』の事例で注目すべきなのは，本社は現地のニーズを認識しながら，グローバル統合と調整の方法を実践していることである。同時に，各国の拠点もグローバル・コンテンツの有効活用に対しては，むしろ積極的であるという点である。ここには画一的なグローバルではなく，大石（1997）が提唱した世界標準化（global standardization）と現地適合化（local adaptation）のミックスである複合化（duplication）が実現されている。雑誌出版における世界標準化のメリットとしては，ブランド管理の徹底や優良なコンテンツの共有によるコスト削減が挙げられる。同時に現地適合化のメリットとしては，各国の消費者の嗜好や広告主のニーズに対応したコンテンツの提供が挙げられる。また，編集にあたっては，グローバルのコンテンツの「リフト」が40％，各国オリジナルコンテンツが60％という指標がある。この「リフト」の比率も絶対的なものではなく，ガイドラインとして柔軟に運用されている点も各国の参加意欲を高めている要因である。

(2) 知識の「連結化（形式知から形式知へ）」を実現するシステム

　図表8-9に示されたNonaka and Takeuchi（1995）や野中・紺野（1999）による暗黙知と形式知の相互作用の4つの知識変換モードにおける①「共同化（暗黙知から暗黙知へ）」，②「表出化（暗黙知から形式知へ）」，③「連結化（形式知から形式知へ）」，④「内面化（形式知から再暗黙知へ）」はSECIプロセスとしてよく知られている。本事例における第2のインプリケーションは，その中でも③「連結化（形式知から形式知へ）」をグローバルに実践するための組織的なシステムの存在を示した。また個人レベルの知識ではなく組織レベルの知識として移転されるシステムが確立されている。グローバルな知識移転を実現するには，情報統制を一元管理するシステムを構築し，知識の活用をマネジメントするHMIのようなハブとなる機能がなくてはな

図表8-9　SECIプロセスにおける4つの知識変換モード

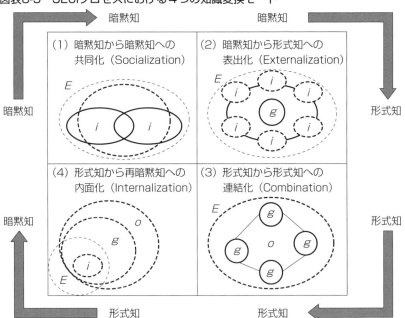

注：iはindividual（個人），gはgroup（グループ），oはorganization（組織），EはEnvironment（環境）。
出所：Nonaka & Takeuchi（1995），邦訳91ページ，野中・紺野（1999），111および122ページを参照し，筆者作成。

らない。その他にも細かい配慮が必要である。たとえば，「リフト」する際のコンテンツ素材のリクエストや使用の承認を現場の編集者から切り離してフォト・エディターが窓口となる点である。多忙な編集者に煩雑な事務的作業をさせないという配慮がなされている。知識変換モードにおける③「連結化（形式知から形式知へ）」を促進するには組織的にストックされた知識のアクセスへの心理的・物理的な障壁を解消するプロセスと配慮が必要である。

（3）「セミ・グローバリゼーション (Semi-Globalization)」に対する企業戦略

第3には「セミ・グローバリゼーション（Semi-Globalization）」における企業が検討すべき戦略への示唆を挙げたい。「セミ・グローバリゼーション（Semi-Globalization）」とは，Ghemawat（2007）によって示された，経営者は国ごとに根強く残る差異を真剣に受け取るべきであるとする概念である。国ごとに根強く残る差異（文化・制度・地理・経済）のうち，自社の業界ではどれが重要かを見極める必要がある。Ghemawat（2007）は，企業が検討すべき戦略として次の3つを挙げている。それは現地適合化（Adaption）と事業の集約化（Aggregation）と国ごとの差をうまく活用する裁定（Arbitrage）である。本事例では，国ごとの差をうまく活用する裁定（Arbitrage）が雑誌出版事業に戦略的に組み込まれていた。ある国で制作されたコンテンツを時間的な差を利用しながら，円滑な知識移転を行うためには，組織的なプロセスが必要である。そして，そのプロセスの構築には大きな投資も伴うため「経営者の意志」による戦略的な取組として実現されなくてはならない。

〈注〉

1）　『新聞王ウィリアム・ランドルフ・ハーストの生涯』日経BP社を参照した。
2）　ハースト婦人画報社社長Yves Bougon（イヴ・ブゴン）氏および『Harper's BAZAAR』日本版編集長代理木津由美子氏へのインタビューは2016年9月14日に東京都港区南青山の同社社長室において実施した。

● 謝辞

ハースト婦人画報社社長 Yves Bougon（イヴ・ブゴン）氏ならびに『Harper's BAZAAR』日本版編集長代理木津由美子氏にはインタビューの機会をいただき，同社のグローバル戦略に関して取材することができた。本章で紹介した写真素材や資料の提供についてもご協力を頂いた。ここに記してお２人に感謝の意を表したい。

● 参考文献

（英語文献）

Ghemawat,P.（2007）*Redefining Global Strategy: Crossing Borders in A World Where Differences Still Matter*, Harvard Business Review Press.（望月衛訳『コークの味は国ごとに違うべきか』文藝春秋社，2009年）

Nasaw, D.（2000）*The Chief: The Life of William Randolph Hearst*, Mariner Books.（井上廣美訳『新聞王ウィリアム・ランドルフ・ハーストの生涯』日経BP社，2002年）

Nonaka, I., and Takeuchi, H.（1995）*The Knowledge-creating Company: How Japanese Companies Create the Dynamics of Innovation*, Oxford University Press.（梅本勝博訳『知識創造企業』東洋経済新報社，1996年）

（日本語文献）

大石芳裕（1997）「国際マーケティング複合化の実態」明治大学『経営論集』第43巻第3・4合併号，157-198ページ。

大石芳裕編，グローバル・マーケティング研究会著（2009）『日本企業のグローバル・マーケティング』白桃書房。

電通総研メディアイノベーション研究部編著（2015）『情報メディア白書2015』ダイヤモンド社。

野中郁次郎・紺野登（1999）『知識経営のすすめ-ナレッジ・マネジメントとその時代-』，筑摩書房。

● 参考ウェブサイト

ハースト婦人画報社ウェブサイト，http://www.hearst.co.jp/aboutus，2016年6月26日アクセス。

Harper's BAZAAR ウェブサイト，http://www.harpersbazaarmediakit.com/r5/showkiosk.asp?listing_id=3951438&category_id=78492，2016年6月26日アクセス。

HEARST ウェブサイト http://www.hearst.com/about，2016年6月26日アクセス。

HEARST ウェブサイト，"A New Year's Letter from Hearst Magazines President David Carey" http://www.hearst.com/newsroom/a-new-year-s-letter-from-hearst-magazines-president-david-carey，2016年6月26日アクセス。

三菱UFJリサーチ＆コンサルティングウェブサイト「外国為替相場，年平均」，http://www.murc-kawasesouba.jp/fx/yearend/index.php?id=2012（2016年6月20日アクセス）。

日本雑誌協会ウェブサイト，http://www.j-magazine.or.jp/magadata/?module=list&action=list，2016年6月20日アクセス。

Zenith Media Fact 2013，http://www.zenithoptimedia.com/product-category/facts/，2014年2月19日アクセス。

第9章 インバウンドと越境ECの連携

1 ICT社会と越境ECの台頭

　インターネットを代表とするICT（情報コミュニケーション技術：Information & Communication Technology）の発展は，私たちの生活，経済，社会のあり方や手法を大きく変革している。私達の生活は，これまで新聞，テレビ，近隣者から主に情報収集していたものの，現代ではスマホなどのモバイル機器やPCを使用し，インターネットから国内外の情報を収集し，自らも情報の発信源となることができるようになった。

　また経済のグローバル化が進展してヒト，モノ，カネ，情報の国際的な移動が活発になり，フェイスブック，アリババ，アマゾンなどの企業のように創業後すぐに高い成長力を示し急速に巨大化する「ガゼル企業」や複数の国と取引を行うなど急速に国際化する「ボーングローバル企業」といった，従来数十年という時間をかけて徐々に国際化すると考えられていた企業とは異なる国際化プロセスを持つ企業が出現している。

　社会の大きな変化の1つとして，従来の店頭やカタログなどからの購買チャネルに加えてインターネットなどを介した販売チャネルが新たに加わり，その勢力を増していることが挙げられる。これらICTを用いた商取引のことを「電子商取引（Electronic Commerce）」といい，「eコマース（e-Commerce）」略して「EC」という。また取引主体として誰と誰が取引するかに着目し，企業と消費者の取引（Business to Consumer 略してB to CもしくはB2C）と企業と企業の取引（Business to Business 略してB to BもしくはB2B）との2つに分類される。消費者同士の取引（Consumer to Consumer 略し

てCtoCもしくはC2C)もある。しかしながら，一般的にECとはインターネットやコンピュータなど電子的な情報通信によって商品やサービスを販売・購入することと定義されている。

このECの登場により，企業は既存の販売チャネルに加えて自らECサイトを構築して販売したりフェイスブック，ブログ，ツイッターなどで販売促進活動を行い，インターネット広告対策をするようになった。さらにベンダーや消費者は，各企業の製品についてインターネット上で販売価格を比較し，製品の評価についての情報収集を行うことが容易になった。そのため，企業はEC販売を視野に入れた広告や販売チャネル戦略の対応に追われている。

近年，これらECの中で海外で商品を販売・購入する越境ECの増加が見られる。この越境ECは，消費者にとって時間的・地理的制限を大幅に縮小され，自国内で流通していない海外商品をインターネットで購買できるようになることを意味している。

そこで，日本のEC市場規模と越境EC市場を概観してみよう。経済産業省によると2015年のB to B-EC市場規模は288兆2,950億円（前年比3.0％増），B to C-EC市場規模は13兆7,746億円（前年比7.6％増），日本に在住し越境B to C-ECを通じて海外（米国・中国）から商品を購入する市場規模は2,229

図表9-1 越境B to C-EC市場規模（2015） (単位：億円)

国 (消費国)	日本からの 購入額	米国からの 購入額	中国からの 購入額	合計
日本		2,019	210	2,229
(対前年比)		6.9％	6.8％	6.9％
米国	5,381		3,656	9,037
(対前年比)	10.5％		12％	11.1％
中国	7,956	8,442		16,398
(対前年比)	31.2％	34.2％		32.7％
合計	13,337	10,461	3,866	27,664
(対前年比)	22.0％	27.9％	11.6％	22.6％

出所：経済産業省（2016）「平成27年度電子商取引に関する市場調査」，3ページ。

億円であり,それとは逆に日本から越境ECを通じて販売される市場規模は1兆3,337億円であり,対前年比22.0％増だった(図表9-1)。さらに今後も越境EC市場規模の拡大が見込まれている。

越境ECのうち,とりわけ新興国や途上国では法的規制がゆるかったり脱法行為が日常化したりしている。国境を超える零細な行商人や運び屋(密輸業者),脱税する商工業者,偽物作り,偽ブランドは例外ではなくある種ルール化しているともいえる。越境ECを始めとしたICTによるグローバル化における現象は,従来の多国籍企業理論や海外直接投資(FDI)理論の枠組みを超越しており,このような新興国市場ではどのような企業活動を行っていけばよいのか企業は対応を迫られている。

EC や越境ECに対応した消費者は,購買行動を図表9-2のように変化させている[1]。テレビや新聞等のマス広告を対象としたAIDMA(アイドマ)という注意・関心・欲求・記憶を通じて購入していたものが,ネット上では,AISAS(アイサス)やAISCEAS(アイセアス)といったように,検索・比較・検討し,商品購入後には共有するように変化した。さらに,近年ではツイッター,

図表9-2 消費者の購買行動

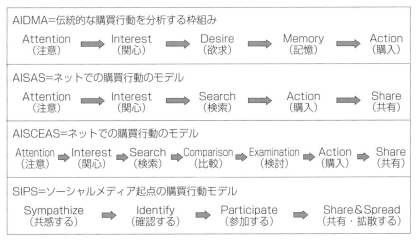

出所:筆者作成。

フェイスブック，LINEといったソーシャルメディアの普及に伴い，認知経路の起点がソーシャルメディアになり，SIPS（シップス）のようなモデルに変化している。

　以上のように，ICTはモノ・カネ・情報のグローバル化のみならず，企業や社会そして人々の生活に大きな影響を与えている。次にこれらと密接に関わりのあるヒトのグローバル化について見ていこう。

2 訪日外国人とインバウンド消費の増加

(1) 訪日外国人の増加とその要因

　近年のグローバル化の影響は，インターネット内のみならず交通網の発達とLCC（格安航空会社）などの台頭による渡航費の下落を受けてヒトのグローバル化にも及んでいる。たとえば，訪日外国人観光客の増加が挙げられる。訪日外国人客は，日本政府観光局の発表によると2015年は全体で約1,973万人であり，中国499万人，韓国400万人，台湾367万人，香港152万人，次いでアメリカが103万人となりアジアは84.3％を占めている。[2]

　これら訪日外国人の旅行支出は2015年に1人当たり17万6,167円となり，主な国籍・地域別では，中国28万3,842円，米国17万5,554円，香港17万2,356円，台湾14万1,620円，韓国7万5,169円である。訪日外国人の旅行消費額は総額3兆4,771億円になる。前年2014年の2兆278億円に比べ71.5％増加している。訪日外国人旅行消費額を費目別に見ると，買物代が41.8％，宿泊料金が25.8％，飲食費が18.5％を占めている。

　このような訪日外国人観光客の増加要因としては，プッシュ要因，プル要因，制度的要因と大きく分けて3つある。プッシュ要因には，主にアジア諸国の経済成長に伴う可処分所得の増加と海外渡航への制限緩和，国内品に対する不信とメイド・イン・ジャパン製品への信頼，日本製品の内外価格差と品質の差を知り尽くしていることが挙げられる。

　プル要因には，外国語表記や外国人店員などの受け入れ体制の整備，決済環境やWi-Fi環境の進展，政府・企業・地域の訪日プロモーションの増加がある。制度的要因としては，航空路線の拡大やクルーズ船の寄港，査証免除や複数

回日本に渡航することができる数次査証の発行，消費税免税制度の拡充がある。

　このように訪日外国人の増加によって，日本においてインバウンド消費とそれによる小売販売額が増加している。このインバウンド消費増加の例としては，来日した中国人観光客が一度に大量に商品を購買する「爆買い」がある。この爆買いは2014年頃までに定着した言葉であり，2015年２月の春節休暇に中国人観光客が日本を訪れ高額商品から日用品まで様々な商品を大量に買い込む様子を「爆買い」と表現して，多くの日本メディアが取り上げた。

　とりわけ，花王の日本製品おむつに対する爆買いが顕著になり始め，2012年頃からドラッグストアなどの紙おむつコーナーで，人気商品に対し１人当たりの購入数を制限する貼紙がされるようになったことも記憶に新しい[3]。このような爆買いに対応する免税店，百貨店，家電量販店，ドラッグストアといった小売店が増加した。この爆買いに代表されるインバウンド消費が日本の国内消費の活性化の一端を担っているといわれている。

（2）インバウンド消費とその要因

　このインバウンド消費となる中国人の爆買いを支えている要因は大きく分けて３つあるといわれている。それは，元高と円安，日本製品の品質や性能への信頼，中華人民共和国の税制に起因する内外価格差である。とりわけ，2016年４月８日以前の中国の税制では，ある特定の日本製品は中国で買うよりも日本で買って持ち帰った方が大幅に安くなること（たとえば化粧品などは半値ぐらいになる場合もある）や日本が免税品の対象を拡大したためである。

　爆買いの定番商品であり，中国人観光客の間で「四宝」と呼ばれていたのは炊飯器，魔法瓶，温水洗浄便座，セラミック包丁であった。このような日本製品への品質・性能の信頼により爆買いが増加した背景には，2008年に中国国内乳製品メーカー三鹿集団の粉ミルクの事件が契機であるといわれている。この粉ミルクを飲んでいた乳児に腎不全が多数発生し，健康被害を受けた子供の数は５万人以上になった。この粉ミルクにメラミンが入っていたためである。メラミンは窒素を多く含む有機化合物の一種であり，食器などの生産によく使われており，悪質業者によって蛋白質含有量（窒素含有量）を多く見せるために食品などに混ぜられることがある。メラミンの毒性は低

いものの大量に摂取すると腎臓などに結石ができる可能性が高い。[4)]

　この赤ちゃん用粉ミルクのメラミン汚染事件によって，中国の消費者が自国の乳製品に不信感を高め，海外製の乳製品を購入し始めた。それを契機として，ベビー用品，化粧品，健康食品およびデジタル製品，衣服，アクセサリーなどを世界に1,800万人とも推計される代行購買業者が中心となり日本において花王のメリーズなどに代表される特定商品の買い占めなどを引き起こしたのである。

　中国の改正以前の税には，輸入品に課す関税（10％程度）と，特定の贅沢品（高級ブランド品）に課す消費税がある。この消費税の例として，葉巻は25％，酒類15％-25％，化粧品30％，排気量4,000cc以上エンジンを搭載する車は40％といったように品目により異なる。さらに，増値税と呼ばれる付加価値税が17％ある。

　粉ミルクを事例に見てみよう。中国市場に輸入される場合，高額な消費税を払う必要はない。正規の伝統的貿易ルートを通して輸入された粉ミルクは約10％の関税と17％の増値税（付加価値税）が徴収される。メーカーが粗利益を確保するほか，流通業者も一定のマージンを取り，それに加えて人件費，棚代（棚レンタル費）もかかる。そのため，海外商品の中国市場における販売価格が海外価格の倍以上になることは珍しくない。

　それに対し個人消費者向け越境ECの場合，消費者は10％-50％の行郵税（入国する旅行者の個人携帯輸入物品や個人輸入郵送品に対して課税される税金）だけが徴収されることになる。加えて課税額が50元（1,000円）以下の場合は免税となる。たとえば，化粧品，煙草，酒類の税率は50％，各種時計と紡績品は20％，食品，アクセサリー（金製品，銀製品，芸術品，骨董品）は10％となっている。

　たとえば日本で買い物をして個人旅行客が携帯輸入物品として中国に持ち込んだり，日本在住の代行業者が個人輸入郵送品として中国に商品を送ると，行郵税だけを課税されるため，販売価格は一般貿易の輸入品より安くなる。そのため爆買い騒動が起こり，これらの商品は中国国内のC to Cサイトや越境ECサイトで多く販売されることとなった。

　このように日本においてインバウンド消費額が増加したものの，中国政府

は正規輸入品との価格差是正や適正な課税のため，2016年4月から税制を改正した[5]。それに伴い，日本において爆買いの勢いは失速し，2016年8月には百貨店の売上減少や大手免税店であるラオックスの業績急落がニュースに取り上げられるようになった。日本百貨店協会によると全国の百貨店の2016年4月の免税品売上高は前年同月比9.3％減となり，2013年以来の約3年3か月ぶりに前年実績を下回った。すなわち，中国人観光客の爆買いが急速に縮んだわけである。しかしながら，訪日外国人客数は税制改正後も順調に増加している。次に，これら訪日外国人客の購買行動およびその意思決定に注目してみよう。

（3）インバウンドの消費行動

インバウンド消費額を増加させる訪日外国人客はどのようにして購入する商品を決定するのだろうか。訪日中国人が購入商品をいつ決定したのか博報堂のインバウンド・マーケティング・ラボの報告書から考えていこう。その調査結果の一部が図表9-3である。全体の中で「訪日を検討する前から購買を検討しており，買おうと決めていた」が46.5％と最も多く，次いで「訪日を検討し始めてから，買おうと決めていた」が26.9％，「訪日中，店頭を訪れるまでに買おうと決めていた」が13.4％となり，店頭で見て買おうと決めたのはたったの13.2％であった。つまり，来店前に購入を決めていていたのは86.8％となり，訪日前に73.9％の購買の意思決定がなされていることが分かる。そして，購入商品の使用・購入経験が初めての人は約4割であり，母国か日本での購入ないし使用経験がある商品を日本でリピート買いしている。加えて，商品購買決定に影響が強いのは，検索エンジン，天猫のECサイト，SNS等の口コミ，百度旅遊の旅行情報サイトが上位となっている。

これらの購買意思決定に関して，訪日前，訪日中，訪日後の3つのステージから考えると，多くの日本企業における対応は訪日中に注力されている。たとえば，ラオックスの2015年の春の新入社員の8割は中国籍であり，ヤマダ電機社員の6割は中国語が話せることなどに見られるように，外国語の表記や外国人店員の配置がある。また，中国人が多く使用している銀聯（ぎんれん）カードの取り扱い，無料Wi-Fiの設置，ショッピングセンターでの免税一括カウ

図表9-3 訪日外国人の購買意思決定

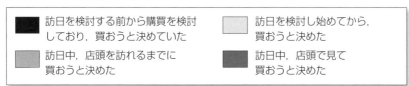

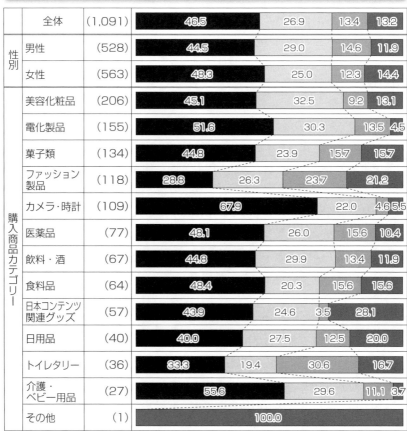

出所：博報堂（2015）「インバウンド・マーケティング・ラボ」，2015年7月10日版，アクセス日 2016年10月21日。

ンター設置，決済環境やWi-Fi環境の整備などが実施されている。ハラル対応や，百貨店でのVIP待遇，国ごとに異なる祝祭日に応じた割引サービスなどの販売戦略を設けたりもしている。さらに，外国語のチラシ・カタログ・ガイドブックの作成といったことも見受けられる。

　確かに，このようなことは訪日観光客にとっては嬉しいサービスであるといえる。しかしながら，訪日前に商品購入の意思決定がなされているという調査結果を考えると，訪日前の対策がより重要である。そこで，訪日前に作成されている訪問先や買い物の検討リストにどのようにして入るのか，現地での使用経験が貴重なプロモーションとなるのであればどのようにして体験価値を得てもらうのか，購入意思決定には口コミの影響が大きいとしたらどのようにして情報発信をしてもらうのか，を考えることがより重要となる。

　この消費者自身が発信する情報は，コンシューマー・ジェネレイテッド・メディア（CGM：Consumer Generated Media）といわれ，「消費者生成メディア」と訳されている。それにより，企業はこれら消費者の受動的受信と能動的受信の区別や両者の融合についても配慮する必要がある。さらに訪日後の行動にも留意が必要である。なぜなら，訪日外国人観光客の多くは，クチコミであるWOM（Word of Mouth）やSNSおよびチャットなど様々な手段で情報発信するからである。近年では，このような消費者発信の情報が広く拡散される傾向にある。また，訪日外国人観光客がたとえ多くの商品を購入したとしても，日用品等は1か月程度で消費されてしまう。そのためその後も購入したい場合は，店頭購入かネットで購入せざるを得なくなる。とりわけ訪日中に購入した商品を自国内にいて手に入れようとすれば容易なのはネット購入であるため，越境ECが増加している。このように，インバウンドは越境ECを通じてアウトバウンドと連携する関係にある。そこで，次に越境ECについて見ていこう。

3 越境EC

(1) 越境ECの概要

　経済産業省の推計によると2019年度の日本の越境EC（米国・中国）の総市場規模は3,338億円であり，このうち，米国経由の市場規模は3,023億円，中国経由の市場規模は314億円である。米国の越境EC（日本・中国）の総市場規模は1兆4,193億円であり，このうち，日本経由の市場規模は8,451億円，中国経由の市場規模は5,742億円である。中国の越境EC（日本・米国）の総市場規模は4兆8,145億円であり，このうち，日本経由の市場規模は2兆3,359億円，米国経由の市場規模は2兆4,786億円である（図表9-4）。各国の越境ECの今後の市場規模を2015年と比較した場合，2019年に日本は約1.50倍，米国は約1.57倍，中国は約2.94倍の規模になると推計され，今後も拡大することが予測されている。

　また同調査では世界のEC市場規模はどのエリアにおいても拡大傾向にあることが示されている。その背景にはインターネット人口の増加，マーケットプレイスや物流システムの充実，決済機能多様化への対応等，オンラインショッピングのインフラ整備，越境ECの機会増大が起因している。全世界のBtoC電子商取引（旅行売上を除く）の売上高推計値および予測推計値である対前年比成長率についても，2014年22.0％の伸びがあり2018年まで対前年比2桁成長が見込まれている。

　世界の越境EC市場については，ECの6市場（英国，米国，ドイツ，北欧諸国，オランダ，フランス）における越境ECの市場規模推計は2013年250億USドルであるが，2020年にはその約5.2倍に相当する1,300億USドルになると推計され，今後も国内の電子商取引活動同様，越境電子商取引においても市場が拡大する傾向にある。

　日本を基準に考えると，米国は約2.52倍，中国は約3.53倍のEC市場規模である。インターネット人口については，日本は約1.04億人，米国は約2.64億人，中国は6.77億人の規模になる。とりわけ中国は所得の上昇やインターネット環境の整備等に伴い，インターネット人口については増加傾向にあるため，EC市場規模についてもより一層の拡大が見込まれている。

図表9-4　各国越境EC市場規模ポテンシャル推計値(2015年時算出)

(単位：億円)

消費国	販売国	2015年	2016年	2017年	2018年	2019年	2019/2015
日本	米国	2,019	2,261	2,510	2,761	3,023	—
	中国	210	235	261	287	314	—
	(合計)	2,229	2,497	2,771	3,048	3,338	1.50
米国	日本	5,381	6,081	6,822	7,614	8,451	—
	中国	3,656	4,131	4,635	5,173	5,742	—
	(合計)	9,037	10,212	11,457	12,787	14,193	1.57
中国	日本	7,956	10,788	14,305	18,568	23,359	—
	米国	8,442	11,447	15,179	19,703	24,786	—
	(合計)	16,398	22,236	29,484	38,271	48,145	2.94

出所：経済産業省（2016）「平成27年度電子商取引に関する市場調査」，4ページ。

　これら越境ECへの展開パターンは5つに分類される（図表9-5）。スキームⅠは，国内で独立したB to C-ECサイトを展開する方法である。国外の消費者が国内のB to C-ECサイト上で，個人輸入の形態で商品を購入するものである。国外の消費者の問い合わせ対応，国境を跨いだ配送手配等を自社で対応する必要がある。スキームⅡは，国内の海外対応B to C-ECプラットフォームに店舗を出店する方法である。越境商取引に伴う必要事項・諸対応について，プラットフォーム側から様々なサポートを受けられる利点がある。ⅠとⅡはともに国内のサイトを使用しており，消費者が個人輸入する形態をとっている。

　スキームⅢからⅤは海外のサイトを使用しており，ⅢではC to Cサイト，ⅣはB to Cサイト，Ⅴは独自ECサイトを使用している点が異なる。Ⅲは中国におけるアリババのタオバオが代表的な事例である。本来，消費者間の商取引をメインターゲットにしたプラットフォームであるため，出店手数料・登録料が無料か安価であるなど，プラットフォームへの出店のハードルは非常に低いのが一般的である。ここでは個人名義だけではなく法人名義で出店

図表9-5 越境ECの展開パターン

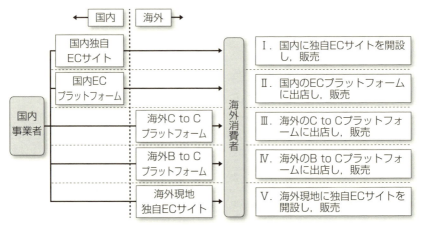

出所：経済産業省（2016）「平成27年度電子商取引に関する市場調査」結果報告書，77ページ。

することが可能なケースも多く，特に中小規模の店舗・事業者の海外展開の際によく活用されている。

Ⅳは出店の際に一定の審査を設けたり，国内ECプラットフォームと同様に出店手数料等の諸費用が必要となるなど，参入のハードルはスキームⅢより高くなる。このように現地のECプラットフォームを活用することは，集客や店舗への信頼性の獲得，現地での商取引に伴う決済手段・物流インフラの活用がしやすいなどの利点がある。Ⅴの独自ECサイトは，商品や企業名が現地消費者に知られていることが前提となる。さらに，プロモーション施策，ECサイトのデザイン，機能の自由度が相対的に高まる一方，進出先国の法制度や，商慣習に合わせたオペレーション等への対応をすべて自社でカバーすることが必要になる。このように越境ECへの参入において，展開パターンの選択が不可欠になる。

それでは，次に各国の越境ECの現状について見てみよう。

（2）日本の越境EC

まず，日本のEC事業者における取組について見ていこう。実店舗とネッ

ト販売の両方のチャネルを構える小売業者にとって，オムニチャネルがキーワードになっており，従来からの主要チャネルである実店舗を重視しながらもインターネット販売とどのように相乗効果を発揮するかという課題がある。そのような環境下，国内 B to C 市場と比較して，越境ECサービスの規模はまだ限定的である。

越境ECに慎重傾向が根強い大きな理由として，自社でECサイトを構築，運用するには海外展開における投資コストが高い点とオペレーション対応の負荷が大きい点が挙げられる。つまり，商品の在庫管理，受注，配送，現地商習慣への対応，法的規制への対応，多通貨かつ多様な決済手段への対応，返品対応，クレーム対応などの大部分を外国語で処理する態勢を整えることに加え，外国語で対応できる人材を雇用しなければならない。投資に見合う売上予測が難しいので，ハイリスクを覚悟で積極的に取り組むEC事業者は限られている状況であり，慎重な姿勢の企業が多く見られる。

では，日本の商品を海外の消費者から見てみるとどうだろうか。中国の消費者には多くの日本商品が人気があり，アリババ集団が運営する B to C サイトの「天猫」が運営する「天猫国際（Tmall Global）」など日本企業が出店できるサイトもあり，日本商品を好んで購入する消費者層を取り込みたい場合にはビジネス展開の一手段となっている。

日本のEC事業者の課題は，越境ECでの送料と関税が高い点である。米国・中国各国への物流において，日本から海外にEMSで商品を出す場合，少量であればEMSで送った方が安い場合が多いが，大量だとコンテナを使った方が安くなるなど，最適な物流方法は商品量次第であり，どのように配送を手配するかは重要な問題となる。さらに税関については，国によってルールがそれぞれ違うためとても複雑で，かつ通関手続きの作業が煩雑であることも課題の1つである。

越境ECの決済方法では，現地での支払い方法に注目することが必要である。アメリカ国内での主な決済手段はクレジットカードとPayPal（ペイパル）がある。ペイパルとは米国ペイパル社が行っているサービスで，インターネットを利用した決済システムである。2014年のTHE PAYPERSによると，米国のECでの支払い方法はクレジットカード利用者45％，ペイパル15％で

ある。iResearchによると，中国でのECでは第三者決済53％，デビットカード22.1％，クレジットカード11.9％の順で広く使われている。各国の消費者が普段使い慣れている決済手段に応じることで安心感のある越境EC決済を行えるように準備する必要がある。[6]

　今後，日本の越境ECで注目されている分野として，ジャパンカルチャーがある。代表的なものとしては，ゲームアプリとフィギュアなどのホビー商品である。ゲームアプリの国内市場規模は2014年に前年比ベースで140％～150％になると推定されており，2013年10月に米国を抜いて日本は世界一の市場となった。また，フィギュアなどにおける海外の顧客はYouTubeや無料動画サイトなどで日本のアニメを見て，フィギュアを購入している。このように，日本においても越境ECの拡大を見越して企業も対応することが今後一層求められることとなるだろう。次に，米国の越境ECについて概観する。

（3）米国の越境EC

　全米小売業協会によると，2014年の米国の年末商戦期（11・12月合計）の小売売上高は前年同期と比べ4％増の6,161億ドル（約72兆円）であり，ネット通販だけで7％増の1,019億ドルとなり，初めて1,000億ドルを突破し，全体の17％を占めた。世界のB to C-ECランキング50では図表9-6のとおり，上位10社に米国企業が5社，上位30社に同15社がランクインし，最大勢力となっている。

　米国の大手ECプラットフォームの調査によると，米国の消費者は全購入品の内75％は自宅から15マイル（約24 km）以内の限定された商圏で入手しており，その消費のうちの90％は実店舗で行っているというデータがある。このように，オンラインショッピングは単にネットで購入して，宅配業者に配送を頼むばかりでなく，実店舗でピックアップするオプションを設けることによって，住んでいる地域や勤務先エリアの生活圏内店舗と消費者を結び付ける動きも出てきている。

　配送において利便性と値段の2点が重要であり，時間はかかってもよいから安く送ってもらいたいという消費者にはEMS（国際スピード郵便）やSAL便（エコノミー航空便）が多く使用される。また，物流事業者であっ

図表9-6 世界のB to C-ECトップ30社（2013年度売上高）

EC売上高順位	小売業売上高順位	企業名	本社所在国	売上高（百万）	ECが占める売上高比率	成長率
1	15	Amazon.com Inc.	米国	$60,903.00	100.0%	17.70%
2	92	JD.com Inc.	中国	$10,826.75	100.0%	66.20%
3	1	Wal-Mart Stores Inc.	米国	$10,000.00	2.1%	29.90%
4	46	Apple Inc.	米国	$9,000.00	30.8%	n/a
5	70	Otto (GmbH & Co KG)	ドイツ	$8,188.94	61.3%	7.00%
6	5	Tesco PLC	英国	$5,250.54	5.3%	11.00%
7	99	Liberty Interactive Corporation	米国	$4,884.00	47.4%	10.90%
8	13	Casino Guichard-Perrachon S.A.	フランス	$3,952.82	6.2%	19.40%
9	59	Suning Commerce Group Co., Ltd.	中国	$3,100.00	11.1%	37.80%
10	34	Macy's Inc.	米国	$3,100.00	11.1%	37.80%
11	2	Costco Wholesale Corporation	米国	$3,086.10	2.9%	47.00%
12	25	Best Buy Co. Inc.	米国	$3,044.00	7.2%	19.80%
13	117	Home Retail Group plc	英国	$2,906.78	32.6%	7.00%
14	150	Lojas Americanas S.A.	ブラジル	$2,838.09	45.4%	26.50%
15	9	The Home Depot Inc.	米国	$2,750.00	3.5%	52.80%
16	n/a	Newegg Inc.	米国	$2,700.00	100.0%	-3.60%
17	81	Staples Inc.	米国	$2,500.00	20.6%	0.00%
18	n/a	Zalando AG	ドイツ	$2,340.42	100.0%	52.10%
19	n/a	Shop Direct Group	英国	$2,322.60	84.0%	8.30%
20	61	The Gap Inc.	米国	$2,260.00	14.0%	21.50%
21	68	John Lewis Partnership plc	英国	$2,204.33	15.6%	22.80%
22	n/a	Vente-privee.com	フランス	$2,125.22	100.0%	23.00%
23	163	Next plc	英国	$2,103.92	36.0%	12.40%
24	23	Centres Distributeurs E. Leclerc	フランス	$1,952.54	4.1%	63.00%
25	204	Williams-Sonoma Inc.	米国	$1,950.00	44.4%	18.20%
26	93	L Brands Inc.	米国	$1,766.00	16.4%	-2.40%
27	52	Kohl's Corp.	米国	$1,700.00	8.9%	20.40%
28	10	Target Corp.	米国	$1,700.00	2.3%	n/a
29	n/a	Vipshop Holdings Limited	中国	$1,680.56	100.0%	143.50%
30	7	Metro AG	ドイツ	$1,657.67	1.9%	54.50%

出所：全米小売業協会（2014），*Top 50 e-retailers 2013*。

てもコンプライアンスを重視している企業が多く，日本には薬事法等があるので，越境EC業者が事業として米国から薬を輸出しようとしている場合は止めるような仕組みを作っている。また米国税関の特徴は，日本と比較して誤謬率が高いことがある。たとえば同一の商品に対して2通りの税率を課される場合があるなど，通関士の対応が均一でない事例も報告されている。

　米国の消費者による決済は，近年クレジットカード情報にセンシティブになってきており，個人情報や財務情報をEC販売事業者に開示したくないと考える人が増えている。米国では前述したとおり，ペイパルという「マネートランスファーサービス（資金移動）業者」があり広く普及している。ペイパルはクレジットカードとつないだり，デビットカードとつないだりすることが可能であり，支払いをしても個人の情報が個別販売店に渡ることは原則なく，EC事業者にとっても，クレジットカードよりもわずかに手数料が安く済む。またクレジットカードを扱えないような中小販売店であったり，顧客側がクレジットカードを持てないようなユーザーであったりしてもお互いの資金移動を簡単にし，決済の問題を解決する機能はEC活動を活性化するうえでその存在意義は大きいといえる。

　これまで日本と米国の越境ECについて概観してきた。次に，とりわけ注目されている中国の越境ECについて詳しく見ていこう。

4 中国の越境EC

（1）中国の越境EC市場

　世界貿易機関（WTO）が発表した2013年の貿易統計によると，金融や通信などのサービスを除くモノの取引に限った中国の貿易総額は4兆1,600億ドルとなり，初めて米国（3兆9,100億ドル）を抜いて世界一になった[7]。世界の工場として輸出額の増加が続くのに加えて，所得水準の向上に伴う購買力の伸びを背景に輸入も増加し，世界一の貿易大国になっている。

　また米国eMarketer社によると中国国内の小売業の売上高は2014年約4兆2,300億USドル（対前年比112％），中国国内のEC売上高は約4,263億USドル（対前年比135％）となっており，今や中国は世界一のEC市場規模

を持っている。2013年の中国小売業上位100社のうち，EC小売業者が9社入っており，代表的なものには中国EC最大手の天猫がある。中国国内のEC市場規模の拡大に加えて，中国国内で海淘(ハイタオ)と呼ばれている越境ECの市場規模も成長している。米国ニールセンの調査によると越境EC取引額は2,160億元（約4兆1,700億円）に達しており，越境ECを行うユーザー数は1,800万人といわれている。

越境ECにより中国国内に届けられる商品のうち，国際郵便で購入者へ直接送付されるものは，個人用途の扱いになり原則免税扱いになっていたが，こうした越境取引を法制化しようとする動きが始まっている。たとえば，モデル都市として越境ECサービス試験地を設け，行郵税という新たな輸入関税により商品カテゴリーごとに税率を明確にして，税総額50元未満の荷物については免税扱いとしている。

中国iResearch社（2013）の調査によると中国の越境ECにおける特徴は，若年齢，高学歴，高収入，1級都市となっている。[8] 越境ECのユーザーのメインは若年齢であり，25歳〜30歳層が39.6％，31歳〜35歳層が25.3％と続いている。そのうち，最終学歴が大学，修士，博士以上で全体の75.5％を占めている。また，月収別において5,001人民元以上の分布が国内ユーザーでは36.4％であるのに対し，越境ECユーザーでは58.5％と高くなっている。また越境ECユーザーの居住地については，北京，上海，広州の3都市で計39.5％に達し，1級都市に多いという結果が出ている。

そして，越境ECにおける購入先の地域では越境ECユーザーがオンラインショッピングで1度でも利用したことがある国のトップは米国で64.3％であり，次いで日本の31.0％と続いている。これら米国ECサイトの利用者率は日本の約2倍になっている。さらに中国消費者の越境ECにおける購入商品は，アパレル・靴・カバン・帽子の16.0％，化粧品・スキンケアの12.9％，ベビー・マタニティ用品の12.6％，IT関連商品の9.4％，デジタル製品の7.7％，食品・健康食品の7.1％となっている。

EC内の課題は，模倣品のコピー商品が蔓延していることである。コピー商品の模倣レベルも年々技術が巧妙化しており，専門家でも見分けがつかないほど精巧に偽造されている商品も増えてきている。それに対応してECサ

イトでは，出店者に正規品を取り扱うライセンスを保持していることを証明させたり，正規品である証明書を商品につけることを義務化して運営している。しかしながら，完全に排除することは難しい現実がある。そのため，値段が国内よりも高く，配送日数がかかっても海外の信頼できるECサイトから正規品を購入しようとして越境ECを使用する消費者が増えている。

中国政府は2012年から上海，重慶，杭州，寧波，鄭州，2013年から広州を越境EC試行都市に指定し，小口輸出に関わる税額還付，外貨規制問題の解決，支払いの安全性問題等の解消に務めている。とりわけ，決済については，これまでライセンスを持っている1部の外貨決済機関の独占状態だったが，2010年には約250の決済ライセンスを発行し，2013年より市場開放され決済手段の選択肢が増えている。

中国への越境ECにおける物流方法には直送方式と保税区方式の2つがある（図9-7）。直送方式は，注文後に海外からの小包での個別配送とコンテナでの集中配送が一般的である。他方の保税区方式は，2013年9月から規制緩和のために上海，浙江省杭州，広東省広州などに設けられた自由貿易試験区などの保税倉庫に，あらかじめ商品を保管しておき，ネット注文後に倉庫から国内配送をするものである。

直送方式は，中国の消費者から注文を受けるたびに海外EC事業者が商品を航空貨物便などで輸出する形態であり，通関手続きに数週間の時間がかか

図表9-7　直送方式と保税区方式

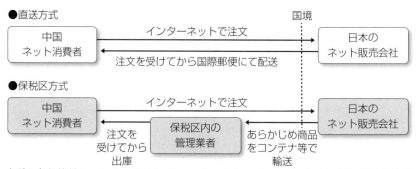

出所：大和総研ホームページ：http://www.dir.co.jp/consulting/asian_insight/20160602_010944.html，2016年8月23日アクセス。

り，商品が消費者に届くまでに1か月かかるケースもある。それに対し，保税区方式では，海外事業者はコンテナ船等を利用して一度にまとめて商品を安く中国に送り，通関手続きをしないまま保税倉庫に保管しておき，注文を受けたら直ちに出庫するため，2〜3日で配達することも可能となっている。

このように中国政府によって，中国国内においてもECおよび越境ECのインフラ整備が進んできており，今後も市場拡大が見込まれている。

（2）中国の越境ECサイト

中国年鑑2013年度版によると，2012年度の中国のネット通販の規模は，1.34兆元であり，そのうちB to Cは3,869.9億元で市場の29.7％を占め，C to Cは70.3％と多くなっている。中国で代表的なB to CのECサイトは天猫（旧名は淘宝商），京東商城，蘇寧易購，騰訊B to C，亜馬遜中国の5社で，市場取引額の9割を占めており，とりわけ天猫は市場の57％を占めている。

天猫（テンマオ＝Tmall）(ティモール)（http://www.tmall.com/）は阿里巴巴（アリババ）が運営する，中国最大のインターネットショッピングモールである。市場シェア57％を占めている。旧名は淘宝（タオバオ）商城である。2012年度中国B to Cオンラインショップ流通額ランキング第1位であり，流通額は2,072億元である。日本円換算では約3兆1,080億円である（1人民元＝15日本円で計算）。

京東（ジンドン）商城（http://www.jd.com/）は市場シェア20％であり，中国第2位のインターネットショッピングモールである。2012年度中国B to Cオンラインショップ流通額ランキング第2位であり，流通額は660億元（日本円換算では約9,900億円）である。

蘇寧（スニンディ）易購（http://www.suning.com/）は中国No.1家電量販店チェーンである蘇寧電器（スニンディエンチー）の，インターネット通販部門である。市場シェアは5％である。また，最近は家電だけでは今後の成長が見込めないということで，食品，化粧品，アパレル，家具家庭用品などの取り扱いを始め，総合百貨店へと業態を発展させている。2012年度中国B to Cオンラインショップ流通額ランキング第3位であり，流通額は188億元（日本円換算では約2,820億円）である。日本では，ラオックスの親会

社となったことで話題になった。

　騰訊（テンセント）B to C（http://buy.qq.com/）は総アカウント数十億を超える中国最大のインスタントメッセンジャーのQQ（キューキュー）で有名な騰訊が運営するインターネットショッピングモールである。市場シェア5％であり，2012年度中国B to Cオンラインショップ流通額ランキング第4位であり，流通額は115億元（日本円換算では約1,725億円）である。

　亜馬遜（アマゾン）中国（http://www.amazon.cn/）は中国にあるアマゾンである。市場シェアは3％であり，2012年度のランキング第5位であり，流通額は105億元（日本円換算では約1,575億円）である。

　これらのB to Cよりも中国ではC to C取引が多く，2倍以上の市場規模を持っており，代表的なC to Cサイトには淘宝網（タオバオワン）（http://www.taobao.com/）がある。これは中国最大のC to Cモールである。中国EC市場の発展とともに拡大してきた代表的なECサイトであり，90％以上の市場シェアを持つ。

　これらの取引に加え，近年の傾向としてO to Oをいかに行うかに取り組む企業が増加している。O to OとはOnline to Offlineの略称であり，オンラインとオフラインの購買活動が連携し合うことと，オンラインでの活動が実店舗での購買に影響を及ぼすことを意味している。中国では，ITの恐竜と呼ばれている「BAT」（Baidu=百度（バイドゥ），Alibaba=阿里巴巴（アリババ），Tencent=騰訊（テンセント））の3社が市場の成長を主導しているといわれている。このうちバイドゥは2012年度のインターネット検索エンジンのうち79.5％という圧倒的な市場シェアを持つ企業である。

　アリババは中国最大の決済システムである支付宝（アリペイ）とともにO to O市場を先制している。中国の代表的なインターネットポータルサイトであるテンセントも2013年9月に6億人以上の加入者がいるモバイルメッセージアプリであるWeChat（微信：ウィーチャット）でO to O市場に進出し，様々な分野の企業との提携により領域を広げている。

　このウィーチャットは，近年アフィリエイト・マーケティングでサービス領域を増やしている。たとえば，王府井（ウォンフジン）百貨という百貨店と提携し，商品をバーコード・スキャンするだけで販売プラットフォームに

接続し，すぐに商品を注文できるウィーチャット・ショッピング・プロジェクトを発表している。この他，マクドナルドや銀泰（インタイ）百貨と提携し，ウィーチャットのアカウントでオンラインショッピングができる機能を提供している。

中国では中間層の台頭と円安の影響があり，海外の商品をネットで販売する越境通販も拡大している。アリババは2013年9月に海外企業向けのECサイトである天猫国際（ティーモール・グローバル）（https://www.tmall.hk/）を開設した。また売上高第2位のジンドンも海外商品専門の京東全球購（ジンドン・ワールド・ワイド）（JD WorldWide : http://www.jd.hk）を運営し，2015年6月に日本商品に特化した「日本館」を開設している。従来のティーモールとジンドン（以下JD）では，どちらも中国の現地法人でなければ出店できないが，ティーモール・グローバルとJDワールドワイドでは中国に法人を作らず出店可能になった。

経済産業省によると，中国の消費者がネット通販経由で日系出店企業から購入した金額は2013年に3,902億円となり，2020年には8,766億円になると予測され，米国からの越境ECを合わせると1兆8,000億円を超えると発表しており，中国への越境EC拡大に注目が集まっている。[9]

（3）中国ECサイト内の日系企業

これらの市場拡大予測に伴い，日本においても中国の越境ECサイトに出店する企業が増加している。ティーモール・グローバルや，JDワールドワイドにマツモトキヨシ，キリン堂，ラオックスなどの小売企業に加えて，花王，資生堂などの製造企業の出店も増加している。

早期に参入していた関西を中心としたドラッグストアチェーンのキリン堂は2015年11月11日の「独身の日セール」にたった1日で売上4億5,000万円となった。2014年の1億8,700万円から，2倍以上増加した。同日，花王の紙おむつであるメリーズは，価格158元をセールとして138元で販売し，一晩で売上が約2億円になった。

アリババ集団は，2016年5月18日日本メーカー向けに中国・アジアEC進出説明会を東京都内で開催し，説明会には約200社が参加した。このことか

らも日本企業が中国との越境ECに注目していることが分かる。

　越境ECサイトは，一般のECサイトへの出店で求められる現地法人の設立，現地銀行口座の開設，販売許可（特殊商品を除く）などが不要であり，参入障壁の低い点が特徴である。

　越境ECサイトに出店した企業では，直送方式と保税区方式を併用するところが多いものの，保税区方式の方が価格と配送日数で優位にある。たとえば，ある日本製フェースマスクの1袋当たりの小売価格は，直送方式が83元に対して，保税区方式が30元となり，配送日数は直送方式で約10日，保税方式で約7日になるからである。

　さらに，この保税区方式を後押しするかのように，日系物流企業の中国企業との提携が増加している。たとえば，日通，ヤマト運輸，近鉄エキスプレスの事例がある[9]。これらは，中国にある保税区の倉庫までを日系企業が輸送し，中国国内は提携先の中国企業が配送するというものである。商品をあらかじめ保税区倉庫に保管しておき，注文後に税関手続きをして出荷するため，以前よりも配送時間が短縮される。近鉄エキスプレスによると，中国で日本製品の翌日配達が可能になる。

　これにより，消費者の利便性が高くなるとともに，日本からの輸送手段を各企業が個別に手配する必要がなくなり，日本企業の中国越境ECサイトへの出店が容易になる。中国では日本商品の品質や安全性への評価が高く，日本からの通販での購入額は2019年には2015年の約3倍，2兆3,359億円になると経済産業省は予測している。訪日時の1人当たりの購入額は低下する中で，日本企業にとって継続的な購入を期待できる越境通販の重要度が今後も高まるだろう。

　このように今後も市場拡大が見込まれる越境ECは，多くの日系企業にとって新しい販売チャネルの1つとなっていくことだろう。そのため，越境ECにも各企業の対応が求められている。

5 まとめ

これまで，ICTの影響を踏まえ，訪日外国人の増加とインバウンドの関係，訪日中の購買意思決定と越境ECとの結び付きと日本企業の対応について見てきた。インバウンド消費の増加は，訪日以前の口コミや海外でのブランディングから始まっており，実際に訪日し購買することで商品を体験し，その商品を評価するとともに気に入れば，その後も越境ECを通じて引き続き購入する一連の流れとなっている。またリピーターとして再来日するなど，インバウンドから越境ECへと連携しているのである（図表9-8）。

訪日前に消費者が購入リストを作成していることからすると，海外でのブランディングの重要性，消費者とのフェイス・トゥ・フェイスでの交流，言葉・写真・動画・スタンプを口コミで拡散してもらうための仕掛けづくり，コン

図表9-8 インバウンドと越境ECの連環

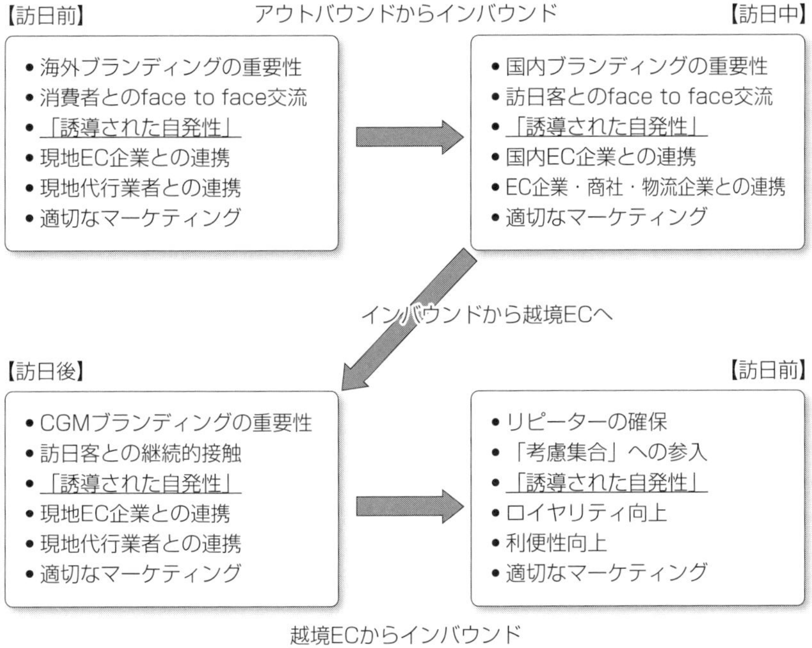

【訪日前】　アウトバウンドからインバウンド　【訪日中】

- 海外ブランディングの重要性
- 消費者とのface to face交流
- 「誘導された自発性」
- 現地EC企業との連携
- 現地代行業者との連携
- 適切なマーケティング

- 国内ブランディングの重要性
- 訪日客とのface to face交流
- 「誘導された自発性」
- 国内EC企業との連携
- EC企業・商社・物流企業との連携
- 適切なマーケティング

インバウンドから越境ECへ

【訪日後】　　　　　　　　　　　　　　　　【訪日前】

- CGMブランディングの重要性
- 訪日客との継続的接触
- 「誘導された自発性」
- 現地EC企業との連携
- 現地代行業者との連携
- 適切なマーケティング

- リピーターの確保
- 「考慮集合」への参入
- 「誘導された自発性」
- ロイヤリティ向上
- 利便性向上
- 適切なマーケティング

越境ECからインバウンド

出所：大石芳裕（2015）「インテージ社アジアインサイトセミナー資料」，37ページ。

テストの開催，ユーザー体験そのものを設計するといったような「誘導された自発性」を意図した仕掛け作りに企業は注力すべきである。そして，今後は売上向上のためにインバウンドから越境ECへと連携させていくことが重要となっていく。

ECや越境ECは新しい販売チャネルの一端を担うようになり，その規模は拡大してくことが予想されている。従来よりもより一層グローバルな視野でのチャネルコントロールが求められることとなる。企業は，消費者の新しい購買行動を視野に入れたマーケティング戦略を考えていくことが一層重要となるだろう。

〈注〉

1) AIDMAのマス広告を対象としていたものの，ICTの進展によりネット購買が拡大し，電通によりAISAS，宣伝会議によりAISCEASが提唱され，ソーシャルメディアの台頭し，電通によりSIPSというモデルが提示された。
2) 詳細は日本政府観光局ホームページの国別・目的別訪日外国人を参照。
3) 『日経流通新聞』2016年6月1日付によると，花王のメリーズは中国において高級おむつとして知られており，特に日本製の人気が高かった。そのため，訪日する中国人が自国での転売のために大量購入する動きが高まった。2015年の11月に花王が越境ECを始めたのを契機に品薄解消が図られるようになった。
4) 詳細は畢（2016）39ページを参照。
5) 中国における2016年4月からの税制改正は，既存のグレーゾーンを撤廃し，越境ECや個人輸入にも課税を行うようにしたものであり，これにより代理購入業者にとっては打撃となるものの公正な競争を促し，偽物対策につながる効果を見込んだものであった。
6) THE PAYPERSのホームページ：http://www.thepaypers.com/reports/，2016年10月21日アクセス。
7) WTOのホームページ：http://www.wto.org/english/news_e/pres14_e/pr721_e.htm，2016年10月21日アクセス。
8) iResearのホームページ：http://www.iresearchchina.com/，2016年10月21日アクセス。
THE PAYPERSのホームページ：http://www.thepaypers.com/reports/，2016年10月21日アクセス。
9) 詳細は『日経産業新聞』2016年4月28日付を参照。

●参考文献

中国研究所（2013）『中国年鑑』。

畢 重麗（2016）「消費者向けの輸入越境EC市場の動向分析及び予測―中国市場を研究対象として―」『修道商学』第56巻第2号，35-65ページ。

大石芳裕（2015）「インテージ社アジアインサイトセミナー資料」，2015年9月18日。

経済産業省（2016）「平成27年度電子商取引に関する市場調査」。

全米小売業協会（2014）「Top50 e-retailers2013」。

iResearのホームページ：www.iresearchchina.com/，2016年10月21日アクセス。

THE PAYPERSのホームページ：www.thepaypers.com/reports/，2016年10月21日アクセス。

WTOのホームページ：https://www.wto.org/english/news_e/pres14_e/pr721_e.htm，2016年10月21日アクセス。

大和総研のホームページ：http://www.dir.co.jp/consulting/asian_insight/20160602_010944.html，2016年8月23日アクセス。

日本政府観光局ホームページ：http://www.jnto.go.jp/jpn/statistics/visitor_trends/，2016年10月21日アクセス。

博報堂（2015）「インバウンド・マーケティング・ラボ」2015年7月10日版，2016年10月21日アクセス。

『日経産業新聞』2016年4月28日付。

『日経流通新聞』2016年6月1日付。

●執筆者紹介

大石芳裕（おおいし よしひろ）　明治大学経営学部教授：修士　まえがき・序章担当
　専門：グローバル・マーケティング
　主著：『グローバル・マーケティングの新展開』白桃書房，2013年（編著），『マーケティング零』白桃書房，2015年（編著），『実践的グローバル・マーケティング』ミネルヴァ書房，2017年（単著）など著書・論文多数。

井上真里（いのうえ まさと）　日本大学商学部准教授：博士　第1章担当
　専門：ブランド・マネジメント，グローバル・マーケティング
　主著：「製品ブランド管理の進展がグローバル・マーケティング枠組みに与える示唆」日本商業学会『流通研究』15巻2号，2013年，『マーケティング零』白桃書房，2015年（分担執筆）。

古川裕康（ふるかわ ひろやす）　淑徳大学経営学部助教：博士　第2章担当
　専門：グローバル・ブランド・イメージ戦略，グローバル・マーケティング
　主著：『グローバル・ブランド・イメージ戦略：異なる文化圏ごとにマーケティングの最適化を探る』白桃書房，2016年（単著），『マーケティング零』白桃書房，2015年（分担執筆）。

植木美知瑠（うえき みちる）　桃山学院大学経営学部専任講師：修士　第3章担当
　専門：グローバル・マーケティング論，ブランド論
　主著：「マーケティング・チャネルの統合的管理」『経営学研究論集』33号，2010年，『マーケティング零』白桃書房，2015年（分担執筆）。

太田壮哉（おおた まさや）　近畿大学産業理工学部講師：博士　第4章担当
　専門：消費者行動，顧客満足
　主著："Consumer Satisfaction Communication: The Production of Assimilation Effect by Celebrity Endorsement Advertising," *The Journal of Japan Society for Distributive Sciences*, No.34, 2014.,『マーケティング零』白桃書房，2015年（分担執筆）。

孫蘊祺（そん うんき）　明治大学経営学研究科博士前期課程修了：修士　第4章担当
　専門：グローバル・チャネル
　主著：「中国空調市場におけるダイキン工業の発展分析―チャネル・コミュニケーションの視点から―」『経営学研究論集』第44号，2015年。

舟橋豊子（ふなはし　とよこ）　長崎県立大学経営学部専任講師：修士　第5章担当
　専門：グローバル・マーケティング，フィリピンの地域経済
　主著：『日本企業の国際化：グローバル・マーケティングへの道』文眞堂，2009年（分担執筆），『ブランド戦略・ケースブック：ブランドはなぜ成功し，失敗するのか』同文舘出版，2012年（分担執筆），『マーケティング零』白桃書房，2015年（分担執筆）。

井上善美（いのうえ　よしみ）　淑徳大学経営学部准教授：博士　第6章担当
　専門：関係性マーケティング，グローバル・マーケティング
　主著：『製配販をめぐる対抗と協調―サプライチェーン統合の現段階―』白桃書房，2013年（分担執筆），『マーケティング零』白桃書房，2015年（分担執筆）。

原田将（はらだ　すすむ）　明治大学経営学部准教授：博士　第7章担当
　専門：グローバル・ブランド，グローバル・マーケティング
　主著：『ブランド管理論』白桃書房，2010年（単著），『日本企業のグローバル・マーケティング』白桃書房，2009年（分担執筆），『マーケティング零』白桃書房，2015年（分担執筆）。

唐沢龍也（からさわ　たつや）　関東学院大学経営学部専任講師，明海大学経済学部非常勤講師：修士　第8章担当
　専門：グローバル・マーケティング，国際知識移転
　主著：「プロジェクト組織における広告会社の役割―ミラノ・サローネ出版プロジェクトのネットワーク分析を中心に―」日本広告学会，『広告科学』第63集，2016年，『マーケティング零』白桃書房，2015年（分担執筆）。

川端庸子（かわばた　やすこ）　埼玉大学大学院人文社会科学研究科（経済系）准教授：博士　第9章担当
　専門：国際流通論，eビジネス，グローバル・マーケティング
　主著：『小売業の国際電子商品調達』同文舘出版，2012年（単著），『経営と情報の深化と融合』税務経理協会，2014年（分担執筆），『マーケティング零』白桃書房，2015年（分担執筆）。

■ グローバル・マーケティング零	
■ 発行日──2017年5月26日　初版発行	〈検印省略〉

■ 編著者──大石芳裕(おおいしよしひろ)

■ 発行者──大矢栄一郎

■ 発行所──株式会社　白桃書房(はくとうしょぼう)

〒101-0021　東京都千代田区外神田5-1-15
☎ 03-3836-4781　📠 03-3836-9370　振替 00100-4-20192
http://www.hakutou.co.jp/

■ 印刷・製本──藤原印刷

©Yoshihiro Oishi 2017 Printed in Japan　ISBN 978-4-561-65223-6 C3063

本書のコピー,スキャン,デジタル化等の無断複製は著作権法上での例外を除き禁じられています。本書を代行業者等の第三者に依頼してスキャンやデジタル化することは,たとえ個人や家庭内の利用であっても著作権法上認められておりません。

JCOPY 〈㈳出版者著作権管理機構 委託出版物〉
本書の無断複写は著作権法上の例外を除き禁じられています。複写される場合は,そのつど事前に,㈳出版者著作権管理機構(電話 03-3513-6969,FAX 03-3513-6979,e-mail：info@jcopy.or.jp)の許諾を得てください。
落丁本・乱丁本はおとりかえいたします。

好 評 書

大石芳裕【編著】
マーケティング零 本体 2,500 円

大石芳裕【編】グローバル・マーケティング研究会【著】
日本企業のグローバル・マーケティング 本体 2,800 円

大石芳裕・山口夕妃子【編著】
グローバル・マーケティングの新展開 本体 3,000 円
―日本流通学会設立 25 周年記念出版プロジェクト　第 5 巻

小宮路雅博【著】
徹底マスターマーケティング用語 本体 1,905 円

片野浩一【著】
マーケティング論と問題解決授業 本体 1,905 円

黒田秀雄【編著】
わかりやすい
現地に寄り添うアジアビジネスの教科書 本体 2,500 円
―市場の特徴から「ＢＯＰビジネス」の可能性まで

――――――――――　東京　**白桃書房**　神田　――――――――――

本広告の価格は本体価格です。別途消費税が加算されます。